DIESES BUCH ...

... ERDET

... VERSCHAFFT LANGEN ATEM

... BERÜHRT AUS DER MITTE HERAUS

... KLINGT IM BRUSTTON DER ÜBERZEUGUNG

... SORGT FÜR EIN LOCKERES MUNDWERK

... GIBT MEHR EINDRUCK DURCH AUSDRUCK

... BRINGT ANKLANG DURCH EINKLANG

ᑫP

ISBN 978-3-945112-12-0

Bibliografische Information der Deutschen Nationalbibliothek

Die Deutsche Nationalbibliothek verzeichnet diese Publikation in der Deutschen Nationalbibliografie; detaillierte bibliografische Daten sind im Internet über http://dnb.d-nb.de abrufbar.

© **PROFILER'S PUBLISHING** Bielefeld 2014 | www.PROFILERSPUBLISHING.COM

DIE 7 SÄULEN DER STIMME (BE-)STIMMEN

DAS STIMMTRAINING FÜR IHREN PERSÖNLICHEN ERFOLG

NICOLA TIGGELER

PROFILER'S PUBLISHING
EXPERTENWISSEN FÜR IHREN ERFOLG

„Das Verständliche an der Sprache ist nicht nur das Wort selber, sondern der Ton, die Stärke, Modulation, Tempo, mit denen eine Reihe von Worten gesprochen wird, kurz die Musik hinter den Worten, die Leidenschaft hinter der Musik, die Person hinter der Leidenschaft: alles also, was nicht geschrieben werden kann."

Friedrich Nietzsche

Mit vier Jahren war ich das erste Mal in der Oper, es war die Premiere von 'Hänsel und Gretel' in der Inszenierung meines Vaters an der Staatsoper Hannover. Und an diesem Abend, mit vier Jahren, packte mich die Begeisterung für die Stimme, das Theater, für die 'Bühne' und hat mich nie wieder losgelassen.

Ich beschloss, sicht- und hörbar zu werden, ich wollte auf der Bühne stehen und mich 'äußern'. Dabei war ich war kein lautes oder besonders mutiges Mädchen, aber die Bühne erschien mir der richtigste Ort auf der Welt zu sein und die Stimme war mein Instrument. Durch die Liebe und Offenheit meiner wunderbaren Eltern wurde ich in diesem Drang nie zu sehr befördert oder beschränkt. Beides kann fatal sein, wie ich aus meiner langen Berufs- und Lehrtätigkeit weiß...

Inzwischen habe ich mit meiner Stimme so ziemlich alles ausprobiert und getan, was die menschliche Stimme vermag: sprechen, singen, synchronisieren, moderieren, erziehen, ausbilden, ... und das sind nur die beruflichen Aspekte! Mal hatte ich Erfolg, mal bin ich gescheitert.

Aber vor allem hatte ich das große Glück, von tollen Lehrern und Kollegen begleitet zu werden, denen ich den Blick auf und die Begeisterung für 'das große Ganze' verdanke, nämlich das Quartett von Körper UND Geist, Intellekt UND Gefühl:

Prof. Judith Beckmann

Prof. Ursula Gompf

Rose Stauder und

Kristin Linklater!

Jede von diesen Meisterinnen hat auf unnachahmliche Weise ihre Professionalität, Menschlichkeit und Lebensfreude an mich weitergegeben. Dafür bin ich auf immer dankbar.

Nicola Tiggeler, September 2014

INHALT

ÜBUNGEN

Die 7 Säulen der Stimme (be-)stimmen

„Wer das Ohr beleidigt, dringt nicht zur Seele vor."
Quintilian

Gehören Sie zu den Menschen, die ihre eigene Stimme auf dem Anrufbeantworter lieben? Falls ja: Gratulation! Sie gehören zu einem sehr überschaubaren Kreis von Auserwählten.

Falls Sie aber sicher sind, dass da ein Fremder in Ihrer Abwesenheit die Ansage aufgenommen hat und die Stimme fremd, eher hoch oder flach und so gar nicht wie Ihre eigene klingt, heiße ich Sie willkommen in der Realität, denn Ihr Anrufbeantworter hat leider Recht.

ÜBUNG | WÜNSCHE

▸ Benennen Sie spontan mindestens fünf Begriffe, die Ihre Stimme beschreiben.

 ▸

 ▸

 ▸

 ▸

 ▸

▸ Äußern Sie danach, wie Sie sich Ihre Stimme wünschen.

Falls Sie viele schöne Eigenschaftswörter für Ihre Stimme gefunden haben und diesbezüglich wunschlos glücklich sind, danken Sie dem Schöpfer und Ihren guten Genen und gehen Sie zum nächsten Buchkapitel über. Ansonsten lassen Sie sich von den Erfahrungen aus meinem Berufsleben und ein paar bewährten Grundübungen aus meinen Workshops anregen.

Vielleicht fragen Sie sich, was die Stimme hier in diesem Zusammenhang mit dem Thema KOMMUNIKATION zu tun hat?

Jeder hat doch eine Stimme und kann reden, oder?

Warum bitte sollen Sie sich nun auch noch mit Ihrer Stimme befassen?

Ist es nicht genug, dass Sie sich auf Ihre Rede oder Präsentation, das nächste Meeting oder Mitarbeitergespräch vorbereitet haben?

Ihre Powerpoint ist sorgfältig durchdacht und Sie haben Ihr Äußeres optimiert, sprich auf eine vorteilhafte Kleidung und Frisur geachtet, vielleicht gehen Sie sogar regelmäßig in ein Fitnessstudio. Unzählige Kommunikations-, Rhetorik- und Präsentationsseminare liegen hinter Ihnen. Sie haben sich über Ihren Stil und vielleicht sogar über Ihre Körpersprache Gedanken gemacht. Nun muss es doch mal gut sein.

Was genau bedeutet KOMMUNIKATION?

Das Lateinische 'communicare' übersetzt der Duden als 'kommunizieren' mit den Bedeutungen 'weitergeben, weiterleiten, weitersagen...'.

Meine wunderbare Lehrerin Kristin Linklater bringt das so auf den Punkt: „Vollkommene Kommunikation ist ein ausgewogenes Quartett von Intellekt und Gefühl, Körper und Stimme – ein Quartett, in dem keines der Instrumente mit seiner Stärke die Schwäche eines anderen kompensiert."

Dies hat einen enormen Einfluss auf die kommunikative Wirkung, wie wir noch im Einzelnen sehen werden. Unterschätzen Sie daher nicht die Wirkung und Macht Ihrer Akustik. Sie kennen sicher den Satz: Es gibt keine zweite Chance für den ersten Eindruck. Doch: Ihre Stimme verstärkt, unterstützt und 'verbessert' Ihre Optik – oder schwächt sie. Sobald Sie den Mund aufmachen, offenbart Ihre Stimme, wer Sie sind, was Sie denken, was Sie fühlen, wie Sie zu dem stehen, was Sie sagen, kurz: Ihre Persönlichkeit.

EXKURS

>„Sprich, damit ich Dich sehe!"
>Sokrates

Im antiken Theater trugen die (immer männlichen) Schauspieler Masken und waren dadurch ihrer Mimik beraubt.

Die Schauspieler mussten daher zum einen durch diese Maske tönen (lat. personare = durchklingen, per sona = durch Klang) und auch im großen Amphitheater vernehmbar sein. Zum anderen mussten sie hörbar machen, wie sich ihre Figur, ihr Charakter fühlt, ob z.B. der Narr traurig, der König wütend oder der Bauer verzweifelt ist...

Wem das gelang, der gab seiner Person (lat. Individuum, Wesen, Rolle) Persönlichkeit (lat. Charakter, Respektsperson). Dieses weitergedacht könnte bedeuten: das Äußere bleibt eine Maske, ist eventuell eine Täuschung, vielleicht nur eine Rolle. Erst der Klang vermittelt das wahre Innere, den Charakter, die Authentizität.

Ihre Zuhörer schließen ganz automatisch von Ihrem Stimmklang auf Ihren Charakter. Bestimmte Stimmqualitäten werden sogar mit bestimmten Charakterzügen assoziiert.

Klingt Ihre Stimme voll, angenehm und klar, vermitteln Sie Souveränität, Selbstsicherheit und Kompetenz.

Eine enge, flache, oft zu hohe oder leise Stimme lässt Ihre Zuhörer unbewusst Unsicherheit, Angst und Anspannung bei Ihnen vermuten, auch wenn dies bei Ihnen natürlich eine unzutreffende Unterstellung ist...

Kommen dann noch als unangenehm empfundene Sprech-Verhaltensweisen wie hektischer Atem, Räuspern, endlose „Äh"s, Monotonie, Spannungsabfall oder Undeutlichkeit hinzu, lehnen Ihre Zuhörer Sie unbewusst ab. Sie schalten ab, machen innerlich die berühmte Einkaufsliste oder fallen in den Sekundenschlaf.

Ihre Stimme ist nur zum Teil 'angeboren'.

Die Anatomie Ihres Stimmapparats und die spezifischen, genetisch bedingten Charakteristika können Sie natürlich nicht verändern. Aber zwei andere entscheidende Faktoren, die situationsbedingten Einflüsse und den erworbenen bzw. erlernten Stimmgebrauch, dagegen schon.

Zu den SITUATIONSBEDINGTEN EINFLUSSGRÖSSEN gehören

▸ räumliche Gegebenheiten
  Raumgröße, Luftfeuchtigkeit, Akustik, Nebengeräusche

▸ technische Gegebenheiten
  Beleuchtung, funktionierende Tonanlage

▸ Vorbereitung
  inhaltlich und emotional,

▸ Kleidung, Schuhe, Äußeres

▸ die eigene Stimmung und die des Publikums

▸ stimmhygienische Voraussetzungen
  stimmliches 'Aufwärmen', Gesundheit

Gute Vorbereitung ist für die Meisten selbstverständlich. Aber das betrifft eben nicht nur Ihre Powerpoint, sondern mindestens genauso Ihre Stimme und Stimmung...

Schauen wir uns in der Tabelle an, was wir bei einem Redner gerne bzw. nicht erleben wollen. Und bedenken Sie: Alle Do's und Dont's können Sie beeinflussen. Sie können sie erlernen bzw. abschaffen oder positiv verändern.

GERNE!	BITTE NICHT!
ATMUNG	
entspannt	hektisch | Schnappatmung
LAUTSTÄRKE	
angemessen	zu leise | zu laut
TONLAGE	
angenehm | 'stimmig'	zu hoch | zu tief
STIMMKLANG	
angenehm | warm | voll	piepsig | schrill | gequetscht
TEMPO	
angemessen	zu schnell | zu langsam keine | zu viele Pausen
RHYTHMUS	
dynamisch | belebend	abgehackt | monoton
ARTIKULATION	
präzise | deutlich | natürlich	undeutlich | 'gekünstelt'
STAND | HALTUNG	
locker | souverän	unruhig | starr
KÖRPERSPRACHE | MIMIK	
ausdrucksstark	verklemmt | stereotyp | starr
BLICKKONTAKT	
gezielt | persönlich	fehlt | Blick zu Boden | Papier

Jetzt interessiert uns der STIMMGEBRAUCH.

Er ist durch Nachahmung und ständige Wiederholung erlernt und damit auch wieder veränderbar.

Jeder, der ein Baby erlebt hat, weiß, was für eine unglaubliche Klangpalette diese kleinen Wesen haben.

Dann erlernt das Kind seine 'Mutter'-Sprache durch Nachahmung. Silben, Worte, Sätze entstehen, bis der selbstständige Gebrauch der Sprache und der Grammatik sich ungefähr bis zum Schuleintritt entwickelt hat.

Und leider werden auf dem Weg dorthin viele der angeborenen Qualitäten kultiviert, domestiziert und zivilisiert.

„Nicht in diesem Ton!"
„Nicht so laut!"
„Warte, bis die Erwachsenen ausgeredet haben!"
„Große Jungen weinen nicht!"
„Liebe Mädchen schreien nicht!"
„Hör´ mit diesem Gebrüll auf, sonst gibt es... kein...!"
„Mach´ den Mund zu, es zieht...!"

Die Liste lässt sich leider beliebig fortsetzen).

Unsere primären Impulse werden damit unterdrückt, Spontaneität wird verhindert und Gewohnheiten entstehen.

Außer bei extremen Gefühlen wie Schmerz, Angst oder Ekstase erlauben wir uns nur noch selten spontane, instinktive Äußerungen. Sie glauben gar nicht, wie vielen Menschen es schwer fällt, spontan und 'lauthals' zu lachen, weinen, rufen oder zu schreien!

Natürlich ist es sinnvoll, wenn wir nicht alle ungeniert unsere Bedürfnisse hinausbrüllen und unsere Emotionen ungehemmt zeigen. Aber durch das ständige Verhindern dieser ursprünglichen 'Äußerungen' im Laufe des Erwachsenwerdens entstehen vielfältige körperliche und seelische (Ver-)Spannungen, Selbstzensuren und Ängste.

Wenn wir emotional und körperlich nicht frei sind, ist unser Atem nicht frei. Und wenn unser Atem nicht frei ist, kann es unsere Stimme auch nicht sein.

Kristin Linklater bringt es wunderbar auf den Punkt:

„Jeder Mensch wird mit einer gesunden und belastbaren Stimme geboren. Das Recht auf eine freie Stimme ist ein Menschenrecht."

Die 7 Säulen der Macht von Suzanne Grieger-Langer basieren auf den 7 Hauptchakren. Sie haben mich zu den '7 Säulen der Stimme' inspiriert, denn es gibt eine erstaunliche Verbindung und Parallelität sowohl in der physischen wie auch psychologischen Herangehensweise und im konkreten Tun.

In meinen sieben Kapiteln werde ich wesentliche Wirkmechanismen und einige konkrete Stimmübungen behandeln:

Drei Mal sieben Säulen

	Stimme	Macht	Chakra
1	**Haltung** Ihr Standpunkt	**Standfestigkeit** in der Welt sein	**Wurzelchakra** Erdung, Instinkte, Stabilität, Durchsetzungsfähigkeit
2	**Atem** Ihr verlässlichster Partner	**Leidenschaft** in Bewegung sein	**Sakralchakra** Begeisterung, Kreativität, Sexualität, Erotik
3	**Zentrum** Kontrolle und Loslassen	**Selbstkontrolle** die Bewegung kontrollieren	**Solarplexuschakra** Selbstkontrolle, Verarbeitung von Erlebnissen
4	**Klang entsteht** von innen nach außen	**Liebe** sich anderen zuwenden	**Herzchakra** Beziehung, Liebe, Herzenswärme, Toleranz
5	**Stimmkanal** Arbeitswege, Kiefer, Gaumen Zunge, freihalten	**Kommunikation** interaktiv sein	**Kehlchakra** Ausdruck, Kommunikation, Offenheit
6	**Gesprochenes Wort** sich 'äußern'	**Wissen** seinen eigenen Weg gehen	**Stirnchakra** Weisheit, Intuition, Willens- & Vorstellungskraft
7	**Das grosse Ganze** innere und äußere Stimme im Einklang	**Ethik** – Vorbild sein	**Kronenchakra** Bewusstheit, Spiritualität, Erkenntnis, Achtsamkeit

Meine Darstellungen und Übungen ersetzen keinen Stimmtrainer. Ich möchte Ihnen aber zeigen, dass Sie Ihr wichtigstes Kommunikationsmittel Stimme trainieren und wesentlich verbessern können. Denn das harmonische Zusammenspiel von Stimmklang und Stimmlebendigkeit, von Haltung, Bewegung, Mimik und direkter persönlicher Zuwendung bestimmen den Erfolg Ihrer Kommunikation.

Und ich möchte Ihnen in diesem Zusammenhang mein Credo näher bringen:

STIMMTRAINING IST MÖGLICH, LOHNT SICH UND MACHT SPASS!

1. Säule der Stimme

—

Gut geerdet

Eine gute körperliche HALTUNG und eine 'STIMMIGE' Körperauf-
richtung ist die Grundvoraussetzung für einen frei fließenden Atem
und damit für Ihr Kommunikationsinstrument Stimme.

Je bewusster Sie entspannt (!) und damit ökonomisch und aufgerichtet sitzen, stehen oder gehen, umso überzeugender kommunizieren Sie, optisch und akustisch.

▸ Wie stehen oder sitzen Sie denn in diesem Moment?

▸ Wie verHALTEN Sie sich?

▸ Wie TRETEN Sie auf, bei Ihrem AufTRITT?

Sind Sie unterspannt und lasch, wird auch Ihre Stimme und Ihre
Außenwirkung unsicher, ängstlich oder gelangweilt sein.

Und umgekehrt wird eine verspannte, überstreckte Haltung auch
Ihre Stimme gepresst und gequetscht und alles andere als souverän klingen lassen.

Männer neigen dazu, das berühmte 'Brust raus, Bauch rein' zu
übertreiben. Und auch die schlanksten Frauen ziehen den Bauch
ein, um ja keinem tatsächlichen oder eingebildeten Röllchen eine
Chance zu geben. Und schon wirkt die Haltung behauptet und die
Atmung und damit leider auch die Stimme wird fest und rutscht
hoch.

Und noch einmal meine Lehrerin Kristin Linklater:

„Man muss sich entscheiden: Entweder für einen flachen Bauch
oder für eine schöne Stimme."

*Ich habe mir 'Haltung' angewöhnt. Sobald ich beim Drehen das
Kommando „Und bitte!" höre, richte ich mich blitzschnell auf: Fü-
ße verankern, Knie loslassen, Wirbelsäule von innen aufrichten,
Bauchdecke loslassen... Das ist ein Automatismus, der funktioniert. Egal, was dann für eine Szene kommt. Ich bin bereit! Das
können Sie genauso im Alltag integrieren, z.B. beim Griff zum Hö-
rer, zur Türklinke, bei der Nennung Ihres Namens.*

VerTRETEN Sie Ihren 'STANDPUNKT', nehmen Sie 'HALTUNG' ein, ohne zu erstarren, seien Sie gut geerdet und trotzdem frei, flexibel und beweglich.

Es geht nicht nur um Ihre Außenwirkung, sondern immer auch um Ihre INNERE HALTUNG. Wenn die körperliche und geistige Haltung sich entsprechen, sind sie 'STIMMIG'.

In einem verkrampften, angespannten Körper können nur sehr schwer freie, lebendige Gedanken entstehen, der Atem kann nicht fließen und damit Ihre Stimme nicht frei und unbelastet sein.

Eine optimal ökonomische körperliche und geistige Haltung hingegen erzeugt dynamisches Gleichgewicht und Ausstrahlung: ist Ihr Körper aufrecht, sind Sie aufrichtig. Sind Sie flexibel und vital in Ihren Bewegungen, folgt dem Ihre innere Haltung. Und Ihre Stimme wird dann gerne genau das sein: natürlich, persönlich und frei.

Dies lässt sich an einigen Stellen des Körpers besonders gut beobachten und üben: Selbstbewusstsein, Selbstsicherheit beginnt immer mit einem guten, ungefähr hüftbreiten Stand und damit bei den Füssen (im Stehen wie im Sitzen).

Die FÜSSE sorgen für Erdung, Bodenkontakt und Urvertrauen: ich bin mir meiner selbst bewusst, ich weiß, wo(für) ich stehe, der Boden trägt mich.

ÜBUNG | FÜSSE

▸ Krallen Sie Ihre Zehen ein.

▸ Dann spreizen Sie sie weit auseinander.

▸ Spüren und belasten Sie drei Punkte und verteilen Sie Ihr Gewicht gleichmäßig darauf: Außenballen, Innenballen, Fersen.

▸ Pendeln Sie leicht hin und her, vor-zurück-seitlich und finden Sie auf diesen drei Punkten an jedem Fuß Ihre mittige Ausrichtung (gerne mit geschlossenen Augen).

Auch Ihre KNIE verraten eine Menge. Sind sie durchgedrückt, transportieren sie auch nach außen eine steife, unflexible Haltung. Lassen Sie stattdessen 'Durchlässigkeit' zu und seien Sie bereit, den nächsten Schritt zu tun oder auch bewusst den eigenen Standpunkt zu behalten. Zudem blockieren 'Beton-Knie' den Atem, weil sie den Beckenboden und damit eine wichtige korrespondierende Atem-Muskulatur behindern.

Übung | Knie

▸ Spannen Sie bewusst Ihre Kniescheiben an (wie 'Säbelbeine').

▸ Dann lassen Sie sie wieder los.

▸ Federn Sie leicht und locker mit den Knien, verstärken Sie die Bewegung und kommen dann langsam zu Ruhe, pendeln Sie sich wieder mittig ein.

Tipp

Kniefedern und Körperschütteln baut ganz wunderbar und verlässlich Spannung und Lampenfieber ab.

Sie erraten es sicher:

Ihr BECKEN sollte beweglich sein. Das Becken ist unser Körperschwerpunkt, verbindet unten und oben. Es ist das Fundament unserer Wirbelsäule und unser 'Zentrum', auch für die Stabilisierung und Kraft der Stimme. Verrutschen Sie also bitte nicht das Fundament durch einen Rundrücken oder Hohlkreuz.

Übung | Becken

▸ Schwingen Sie Ihr Becken (das geht auch im Sitzen). Tanzen, Bauchtanzen, einen imaginären Hula Hoop Reifen kreisen lassen... Ihrer Phantasie sind da keine Grenzen gesetzt.

Ihre Präsenz, Ihre Ausstrahlung, eben Ihr 'Rückgrat' hängen ganz unmittelbar von Ihrer WIRBELSÄULE und Ihrer Aufrichtung ab.

Und die Aufrichtung der Wirbelsäule sollte von innen heraus geschehen – das ist das ganze Geheimnis. Weder Zusammensinken noch Überstreckung des Oberkörpers führen zum Erfolg, und es ist nicht der Job Ihrer großen Bauchmuskulatur, die Wirbelsäule und den Brustkorb aufzurichten.

ÜBUNG | WIRBELSÄULE

▸ Stehen Sie hüftbreit, gut 'geerdet' und recken Sie Ihre Arme gen Himmel, dehnen, strecken und gähnen Sie genüsslich und gerne mit Ton.

▸ Dann lassen die Arme sinken, und rollen Sie langsam die Wirbelsäule nach vorne abwärts, bis Sie kopfüber hängen.

▸ Nehmen Sie ein paar entspannte tiefe Atemzüge, dann richten Sie sich Wirbel für Wirbel wieder auf.
Stellen Sie sich dabei vor, dass sich Luftpolster zwischen jedem Wirbel befinden, so dass die Wirbelsäule von innen heraus, ohne äußere Muskulatur aufgerichtet wird.
Die Bauchdecke ist entspannt, der Atem fließt.
Als letztes schwebt Ihr Kopf nach oben, als wäre er der letzte Wirbel und so leicht wie ein Ballon.

▸ Rollen Sie die Schultern, schlenkern Sie Ihre Arme um sich herum, ballen Sie Ihre Hände zu Fäusten und lösen Sie sie wieder.

▸ Entspannen Sie Ihre Kiefergelenke, atmen Sie durch den Mund.

▸ Und nun schütteln Sie alles aus, dehnen und gähnen Sie wieder herzhaft und mit Ton.

Ihr KOPF 'schwebt' königlich und der Nacken ist lang.

Das ist die Grundvoraussetzung, dass die Muskulatur rund um Ihren Kehlkopf entspannt ist.

‣ Ballen Sie Ihr Gesicht zusammen, so als ob etwas ganz fürchterlich schmeckt.

‣ Dann 'reißen' Sie Ihr Gesicht weit auf, wie in einem Horrorfilm.

‣ Schneiden Sie alle Grimassen, die Ihnen gerade einfallen und lassen Sie Ihre Lippen 'flattern': „Brrrrr..."

‣ Öffnen Sie Ihre Lippen, Ihr Unterkiefer hängt in die Schwerkraft und Sie atmen (durch den Mund) erleichtert ein und aus.

WAS BEDEUTET DIE 1. SÄULE DER STIMME FÜR IHRE KOMMUNIKATION?

‣ Ein bewusster körperlicher Stand verschafft Ihnen Sicherheit.

‣ Sie stehen ökonomisch, d.h. ohne zu ermüden.

‣ Durch Ihre 'Haltung' wirken Sie überzeugend und souverän.

‣ Sie strahlen eine natürliche Autorität aus.

‣ Ihr Atem und damit Ihre Stimme haben eine solide Grundlage.

‣ Ihr Atem und damit Ihre Stimme werden nicht behindert.

2. Säule der Stimme

—

mit langem Atem

„Jedes Leben beginnt und endet mit einer Ausatmung."
Carl Stough

Atmen – das Erste, das Sie in Ihrem Leben tun, und das Letzte ist atmen. Sie atmen, lebenserhaltend und immer. Meistens ohne darüber nachzudenken. Und das ist gut so. Trotzdem lohnt es sich, sich immer wieder bewusst mit dem eigenen Atem zu beschäftigen und ihn wahrzunehmen.

Vielleicht wundern Sie sich, dass die zweite Säule der Stimme der Atem ist.

▸ So weit unten?

▸ Atmen wir denn nicht mit und in die Lungen?

Selbstverständlich.

Aber: Ihre wichtigste Atemmuskulatur, das Zwerchfell und der korrespondierende Beckenboden, führt uns 'eine Etage tiefer' zur tiefen Bauchatmung.

ÜBUNG | ZWERCHFELL

▸ „Brust raus, Bauch rein!" – ziehen Sie Ihren Bauch richtig fest ein und versuchen Sie tief ein- und auszuatmen.

▸ Schätzen Sie einmal: wie viel Prozent Ihrer Lungenkapazität nutzen Sie?
Wenn es ein Drittel ist, ist es viel. Sie kommen damit in die Hochatmung, auch Stressatmung genannt.

▸ Nun sinken Sie im Oberkörper richtig zusammen.
Abgesehen davon, dass das nicht gerade vorteilhaft aussieht und Sie sich vermutlich nicht besonders dynamisch fühlen, quetschen Sie jetzt Ihre Rippen, Ihre Lungen und Ihr Zwerchfell ein. Wieder ist die Atmung behindert. Ein Grund mehr, die Wirbelsäule von innen heraus aufzurichten: Sie sehen besser aus, Sie fühlen sich besser und der Atem kann frei fließen. Damit erfahren Sie spürbar, dass Sie für eine freie Atmung nicht nur die Lungen benötigen, sondern auch das (nicht behinderte) Zwerchfell.

Das ZWERCHFELL ist unsere wichtigste Atemmuskulatur.

Es verbindet den Brust- und den Bauchraum, es ist der 'Fußboden' für Ihre Lungen und das Herz und die 'Zimmerdecke' für alle anderen Organe wie Magen, Leber, Milz, Niere oder Darm.

Wir fühlen das Zwerchfell aber nicht direkt und können die (unbewusste) Bewegung auch nicht direkt beeinflussen, es sei denn durch bewusstes Atmen.

Ganz verkürzt dargestellt, passiert bei der Ein- und Ausatmung Folgendes: das Zwerchfell senkt sich ab – die Lungen füllen sich mit Sauerstoff, die darunter liegenden Organe müssen Platz machen und deswegen dehnt sich die Bauchdecke nach außen aus. Beim Ausatmen dehnt sich das Zwerchfell nach oben aus, transportiert dadurch die Luft aus den Lungen, die Organe dürfen an ihren gewohnten Platz zurück und der Bauch bewegt sich wieder nach innen.

Circa 20.000 Mal passiert das am Tag, circa 14 Mal pro Minute. Und Ihr Zwerchfell legt dabei je nach Atemtiefe eine Strecke von mehreren hundert bis zu zweitausend (!) Metern zurück. Sie können also nichts Gesünderes tun, als tief in den Bauch zu atmen: Ihr Herz und Ihre Organe werden bewegt, 'massiert' und mit Sauerstoff versorgt. Allein Ihre Niere legt dabei bis zu 300 Metern zurück – mehr als manche von uns.

ATEM IST STIMME UND STIMME IST ATEM.

STIMME IST HÖRBARER AUSATEM.

Damit der Atem Ihr verlässlichster Partner wird, sollten Sie ihn auch wirklich wie Ihren Partner behandeln: seine Existenz nicht als selbstverständlich voraussetzen, sondern ihn immer wieder bewusst wahrnehmen und schätzen.

▸ Stehen oder sitzen Sie entspannt.

▸ Richten Sie Ihre Wirbelsäule von innen heraus auf.

▸ Und legen Sie Ihre Hand auf Ihre Atemgegend, dort, wo Ihr Zwerchfell mit der Bauchdecke verbunden ist (zwischen Brustbein und Bauchnabel).

▸ Ihr Unterkiefer ist entspannt und leicht geöffnet.

▸ Denken Sie an ein leichtes Gähnen und lassen Sie Ihren Atem durch den Mund ein- und ausgehen.

▸ Nehmen Sie nun, ohne etwas hinzuzufügen oder zu erzwingen, Ihren Atem und die damit verbundene Bewegung wahr.

Eine meiner Lehrerinnen nannte es 'die Zauberformel des Lebens': „ATEM REIN, BAUCH RAUS; ATEM RAUS, BAUCH REIN".

So einfach und so wahr. Der Dreiklang des Lebens ist EINATMEN – AUSATMEN – PAUSE. Das ist auch Ihr ganz persönlicher, natürlicher Atemrhythmus.

Ein Schauspielkollege mit sehr viel Kameraerfahrung bekam eine Theaterrolle angeboten.

Also wünschte er sich mehr Volumen in seiner Stimme. Allerdings war er extrem stolz auf seinen 'Sixpack'. Männliche Haltung und eine entspannte Bauchdecke waren für ihn zunächst ein Widerspruch in sich.

Es war ein längerer Weg, aber inzwischen steht er durchaus männlich, weiterhin gut trainiert, aber entspannt und mit großer Stimme auf der Bühne.

Und auch seine Kamerapräsenz hat von der neuen Durchlässigkeit profitiert.

▸ Atmen Sie aufmerksam und ungezwungen durch den Mund ein und aus.

▸ Denken Sie an 'Erleichterung', wenn Sie den Atem loslassen.

▸ Spüren Sie in der kleinen Atempause die Notwendigkeit entstehen, dass der Atem sich erneuern möchte, den sogenannten Lufthunger.

▸ Sie müssen nicht aktiv einatmen, der Atem kommt zu Ihnen, Sie 'werden geatmet'.

▸ Ihre Schultern und Ihr Brustkorb sind dabei aufgerichtet, aber locker und an der Atembewegung unbeteiligt.

▸ Spielen Sie jetzt mit unterschiedlichen Atemimpulsen | Situationen, denken Sie z.B. an:
einen heftigen Streit | extreme Wut,
eine äußerst komische Situation,
Ihre erste ernstgemeinte Liebeserklärung,
ehrliche Trauer,
den Beginn einer für Sie wichtigen Rede...

▸ Wie reagiert Ihr Atem?

Ihr Atem reagiert ganz unmittelbar auf Impulse und Gefühle, wenn er frei fließen darf und nicht muskulär oder emotional behindert wird.

▸ Eine natürliche, gute Aufrichtung ist die Voraussetzung für Ihren freien Atem.

▸ Ein frei fließender Atem ist die Voraussetzung für eine freie Stimme.

▸ Atem ist Stimme und Stimme ist Atem.

▸ Stimme ist hörbarer Ausatem.

▸ Ihr freier Atem spiegelt unmittelbar Ihre Emotionen.

3. Säule der Stimme

—

aus der Mitte heraus

Kontrolle und Loslassen – ja, was denn nun? – Beides, und das sowohl muskulär als auch emotional!

Wie in den beiden ersten Säulen der Stimme beschrieben, ist es nicht die Aufgabe der großen Bauchmuskulatur, Ihren Brustkorb aufzurichten. Diese sollte vielmehr auf Ihre Atembewegungen weitestgehend entspannt reagieren dürfen.

EXKURS

Entspannung ist ein ziemlich strapazierter Begriff.

Es geht hier nicht um Entspannung um der Entspannung willen, sondern um das Gegenteil von VERspannung = aus der Entspannung heraus etwas TUN. ENTSPANNT IST NICHT LASCH!

Erinnern Sie sich an den Dreiklang des Lebens? EINATMEN – AUSATMEN – PAUSE. Betrachten wir ihn nochmals unter dem Aspekt der KONTROLLE und des LOSLASSENs.

Schon das 'richtige' EINATMEN ist entscheidend für die Freiheit und Klangqualität Ihrer Stimme.

Das Wunderbare ist: Sie müssen nicht aktiv oder gar hektisch einatmen, Sie müssen nur LOSLASSEN, und zwar Ihre Bauchdecke. Und das passiert mit einer anfänglichen SELBST-KONTROLLE und einer gewissen Übung dann von allein.

ÜBUNG | ABSPANNEN

‣ Stützen Sie Ihre Hände in die Taille.

‣ Stellen Sie sich Ihre Geburtstagstorte vor und pusten Sie mit vielen kurzen, knackigen „fffh-fffh-fffh..." die Kerzen aus.
Das können Sie ziemlich lange machen, denn Sie bekommen automatisch so viel Luft wieder, wie Sie verbraucht haben (im Fachjargon nennt man das 'Abspannen' oder 'reflektorisches Atemerneuern'). Und der Atem erneuert sich durch den Mund.

KOMMUNIKATIONSATMUNG IST MUNDATMUNG.

Halten Sie Ihren Kiefer während des Sprechens immer leicht geöffnet, so kann sich Ihr Atem rasch erneuern. Die Nasenatmung dauert definitiv zu lange.

Haben Sie die Bewegung beim „fffh" unter Ihren Händen bemerkt?

Die Bauchdecke wird kräftig nach innen gezogen und die Flanken weiten sich, durch die Zwerchfellbewegung. Danach haben Sie vermutlich jedes Mal ganz automatisch die Bauchdecke losgelassen, der Kiefer hat sich leicht entspannt, während der Atem ganz von selbst (!) einfiel. Und idealerweise ist dieser einfallende Atem nicht zu hören (denken Sie wieder an ein leichtes Gähnen).

Jetzt probieren Sie das Gleiche mal mit eingezogener Bauchdecke oder schließen nach jedem „fffh" den Mund. Sie werden das vermutlich nicht wirklich als organisch empfinden.

Elisabeth, Managerin eines Energiekonzerns, hat sich 'getraut' und bei der Moderation der letzten Pressekonferenz zum ersten Mal in ihrem Leben bewusst die Bauchdecke immer wieder losgelassen.

Ihre Rückmeldung im Stimmcoaching an mich: sie war ruhiger, die Stimme kräftiger und tiefer und sie wurde 'gehört'.

Wie Sie im vorigen Kapitel bereits ausprobieren konnten, geraten Sie automatisch in die Hochatmung, wenn die Bauchdecke fest ist oder gewohnheitsmäßig eingezogen wird. Sie nutzen nur einen Teil Ihrer Lungenkapazität, geraten in Atemnot, atmen immer mehr ein, so dass der Druck immer größer wird und Ihre Stimme immer höher rutscht, der Stresspegel steigt, der Kopf droht zu platzen, und Sie Ihren Text zu vergessen... bis hin zum berühmten Black-Out.

Da hilft nur: AUSATMEN!

Eine der wichtigsten Regeln für alle Menschen, die überzeugend kommunizieren wollen ist: AUSATMEN!

Damit sind wir beim wichtigen Thema LAMPENFIEBER. Auch hier lautet die goldene Regel: AUSATMEN!

Bei Stress, Lampenfieber, Unsicherheit und Angst blockieren die Knie. Die Bauch-, die Gesäßmuskeln und die Muskulatur des Beckenbodens werden fest, und Ihr Ein-Atem landet im Brustkorb.

Der AUS-ATEM – und STIMME ist ja hörbarer AUS-ATEM – wird gepresst und flach.

Vor lauter Verzweiflung atmen Sie noch mehr ein, versuchen lauter zu werden, was die Stimme noch enger und höher werden lässt.

Oder Sie werden vor lauter Unsicherheit ob des Klangergebnisses immer leiser, das wiederum verstärkt den Stress – ein Teufelskreis.

> „Das Podium ist eine merkwürdige Sache,
> da steht der Mensch nackter als im Sonnenbad."
> Kurt Tucholsky

Bedenken Sie: Lampenfieber bringt Sie nicht um, und der Boden wird sich nicht auftun und Sie verschlingen.

Lampenfieber per se ist nichts Schlimmes, so lange es Sie nicht behindert.

Lampenfieber erhöht Ihren Adrenalinspiegel und damit Ihre Konzentration. Und es vergeht. Meistens verlässlich nach den ersten Sätzen oder Minuten.

Lampenfieber kann man mit guter Vorbereitung (natürlich inhaltlich, aber auch, in dem Sie sich ganz konkret Ihre Rede-Situation vorstellen und laut üben) auf ein gesundes Maß reduzieren. Und: Lampenfieber empfinden Sie selbst viel stärker als Ihre Zuhörer!

Wie ist es für Sie in diesem Moment:

▸ sind Sie 'selbstbewusst in des Wortes Sinne (= Ihrer selbst bewusst, in diesem Moment)?

▸ sind Sie 'aufrichtig' (gute Aufrichtung der Wirbelsäule von innen, Knie gelöst)?

▸ ist der Kiefer leicht geöffnet (Kommunikationsöffnung)?

▸ atmen Sie aus und lassen dann die Bauchdecke los!

▸ nehmen Sie Ihr Gegenüber, Ihr Publikum wohlwollend wahr!

▸ strecken Sie beide Arme nach oben in eine Siegerpose und atmen Sie tief ein und aus!

▸ und nun freuen Sie sich auf Ihren Auftritt, Ihre Show!

WAS BEDEUTET DIE 3. SÄULE DER STIMME FÜR IHRE KOMMUNIKATION?

▸ Sie sind sich Ihrer 'selbst bewusst'.

▸ Sie üben Kontrolle aus, indem Sie loslassen.

▸ Das Zauberwort heißt Ausatmen.

▸ Lampenfieber ist kein unbezwingbarer Feind.

4. Säule der Stimme

—

im Brustton
der Überzeugung

Nun stehen Sie also wunderbar aufgerichtet, und Ihr Atem fließt...

Sie wollen aber nicht nur stehen und atmen, sondern sprechen. Erinnern Sie sich? SPRECHEN IST HÖRBARER AUSATEM.

Also müssen Sie Ihren Atem in Klang verwandeln. Damit ein Ton oder ein gesprochenes Wort Ihre Kehle verlässt, leistet Ihr Körper Schwerstarbeit.

WIE STIMME FUNKTIONIERT

Am Anfang war... der Impuls!

Wenn Sie ruhig atmen, ist Ihre Stimmritze geöffnet. Wenn nun ein Ton entstehen soll, muss als Allererstes ein Impuls Ihre Stimmlippen (umgangssprachlich: Stimmbänder) dazu bringen, sich zu schließen – sei es eine Idee, ein Gedanke, eine Frage, eine Situation oder eine Emotion.

Der ausgehende Atem versetzt die Stimmlippen in Schwingung und der noch nicht sehr beeindruckende Primärton entsteht.

Diese Schallwellen gelangen nun in Ihre Resonanzräume und werden dort verstärkt. Ihre Resonanzräume sind Brust-, Rachen-, Mund- und Nasenraum und alle wunderbaren Höhlen Ihres Schädels (wie z.b. die Neben-, Kiefer-, und Stirnhöhle).

Damit Ihr Klangstrom zu Sprache wird, muss er mit Hilfe Ihrer Lippen, der Zunge und verschiedener Artikulationsflächen zu Vokalen und Konsonanten geformt werden.

IHRE STIMME IST EINZIGARTIG, ES GIBT SIE NUR EINMAL AUF DER WELT!

Ihr individueller Stimmklang ist einerseits anatomisch bedingt. Die Größe des Kehlkopfes und die Länge und Spannung der Stimmbänder entscheiden über Tonhöhe und Lautstärke.

Andererseits leuchtet es ein, dass Resonanz (re-sonare = wider-, zurück-klingen) sich am besten in klar definierten Hohlräumen, Knochen und wohlgespannten Muskeln entwickeln kann.

Je mehr Sie durch Training Ihre Resonanzräume erweitern und optimal nutzen, desto klangvoller und voluminöser wird Ihre Stimme (Klangoptimierung).

Je präziser und entspannter (!) die Muskulaturen Ihrer 'Sprechwerkzeuge' koordiniert zusammenarbeiten, umso ökonomischer und deutlicher sprechen Sie (Lautoptimierung).

Jetzt haben Sie eine Idee, wie wunderbar die Natur es eingerichtet hat, dass unsere Stimm- und Sprechorgane wie Kehle, Rachen, Lippen, Zunge und Mundraum nicht nur der Nahrungsaufnahme dienen, sondern auch unmittelbar für das, was uns Menschen (hoffentlich) auszeichnet: die ZWISCHENMENSCHLICHE, VERBALE KOMMUNIKATION.

Aber leider gelingt das nicht immer.

Warum Stimme (manchmal) nicht funktioniert:

▸ angeborene, anatomisch bedingte Fehlfunktionen, eher selten.

▸ Krankheit, akut und | oder chronisch.

▸ funktionale Störungen.

Letztere – die funktionalen Störungen – sind oft erworben und werden zu Angewohnheiten durch:

▸ ÄUSSERE Umstände, wie z.B. körperliche Fehlhaltungen (siehe 1. Säule der Stimme)

▸ Dauerbelastung der Stimme durch den Beruf (Erzieher, Lehrer, Angestellte in Callcenter, Verkäufer, Politiker, Pfarrer, Moderatoren, Redner, Sänger, Schauspieler... die Liste ließe sich beliebig erweitern und nicht nur die Letztgenannten sollten es eigentlich gelernt haben! Und fragen Sie mich bitte nicht, warum das nicht ein Schulfach von Anfang an für Alle ist)

▸ akustische Situation (ständiger Geräuschpegel)

▸ lokale Situation (z.B. trockene Luft, Klimaanlage)

Und:

▸ INNERE Umstände, wie z. B. Stress, Nervosität (Lampenfieber, Prüfungsangst)

▸ psychische Belastungen (Traumata, die sich auch körperlich manifestieren: „Das sitzt mir in den Knochen!")

▸ Erziehung („Nicht in diesem Ton!", „Liebe Mädchen schreien nicht!", „Warte, bis die Erwachsenen ausgeredet haben!"...)

▸ soziales Umfeld (Status, Abhängigkeiten, bis hin zu: „Halt´ die Klappe!")

Falls Sie den Wunsch haben, Ihren Stimmklang zu optimieren, können Sie zweierlei tun:

I.   eine (ehrliche) Bestandsaufnahme.
     Ihre eigene Stimme immer mal wieder aufnehmen und anhören: was gefällt Ihnen, was weniger?
     Beschreiben Sie Ihre eigene Stimme: wie ist sie, was möchten Sie ändern?
     Überlegen Sie, in welchen Situationen Sie sich stimmlich wohlfühlen, wann dagegen nicht.
     Bekommen Sie auf Ihre Stimme manchmal Feedback?

II. wenn Sie wirklich das Bedürfnis nach Veränderung haben, suchen Sie sich eine|n gute|n Stimmtrainer|in. Ob in einem Einzelcoaching oder Seminar: die Begleitung und das Feedback durch einen erfahrenen Stimmtrainer bringt Sie sehr viel schneller an das Ziel als ein Selbststudium.

Was macht einen 'angenehmen' Stimmklang aus?

Auf diese Frage herrscht in meinen Seminaren meistens Einigkeit: eher tief, voll und warm, entspannt und trotzdem aktivierend und motivierend. Und das ist – wie wir bereits gesehen haben – nicht nur ein Geschenk der Natur oder Hexerei, sondern in großem Maße auch erlernbar.

Das führt uns zu einem wichtigen Thema und einem Klassiker des Stimmtrainings: Ihr 'EIGENTON'.

Jeder Mensch hat seinen ganz individuellen Eigenton, die 'Indifferenzlage' oder 'Wohlfühllage'.

Wenn Sie eine Stimme als besonders angenehm empfinden und denken: „dem|der könnte ich stundenlang zuhören", können Sie sicher sein, dass dieser Mensch Sie immer wieder seinen Eigenton hören lässt und in seiner Wohlfühllage spricht.

In dieser Lage fühlt sich sowohl der Redner wohl, weil seine Stimmlippen am entspanntesten und ökonomischsten schwingen, als auch der Zuhörer, weil es einfach 'stimmt'.

Ernst, Manager, ein kräftiger, großer Mann, kam mit belasteter, fast heiserer Stimme zu mir. Wir stellten fest, dass er sich eine zu tiefe Stimmlage angewöhnt hatte. Die verhauchte Stimme war nicht unangenehm, machte ihn aber 'nicht greifbar'. Als er seinen etwas höheren, sehr viel resonanzreicheren Eigenton gefunden hatte, war er einerseits begeistert, weil das Reden nun viel müheloser war. Andererseits hatte er Bedenken, 'aufdringlich' zu wirken. Erst die Frage seines Abteilungsleiters, ob er das Rauchen aufgehört habe, seine Stimme klänge so klar, hat ihn überzeugt. Das Rauchen hat er dann irgendwann später tatsächlich aufgegeben.

Ihren Eigenton finden Sie am zuverlässigsten und effektivsten mit Ihrem Stimmtrainer, aber probieren Sie es doch mal selbst aus.

Übung | Eigenton

Wichtig ist, dass Ihre Stimme dabei 'indifferent' ist, also relativ emotionslos, ohne Ehrgeiz oder Absicht, fast gelangweilt.

▸ Summen Sie entspannt: „mmmmmh".

▸ Nun öffnen und schließen Sie Ihre Lippen und tönen dabei: „mmmamamamammm".

▸ Nun ein eher nachdenkliches Zustimmen, im Sinne von: „Da haben Sie Recht", oder am Telefon: „Ich bin noch dran, ich höre zu: mmmh".

- Nun ein verbales Zustimmen, immer noch entspannt: „jajaja".

Jetzt zählen Sie ganz gemütlich von eins bis fünf: „eins, zwei, drei, vier, fünf".

Kommt Ihnen das ungewohnt tief vor?

Das ist Ihre 'Wohlfühllage', im unteren Drittel Ihrer Sprechstimme und ungefähr eine Terz umfassend.

Nun heißt das nicht, dass Sie Ihre Stimme künstlich runterdrücken oder nur auf einem Ton sprechen sollen, da schlafen Sie und Ihre Zuhörer ein. Aber nehmen Sie diesen Ton beim Sprechen immer wieder als Referenz.

- Nochmals: „mmmmh, mmmamamamammm, mmmmh, jajaja, eins, zwei..." usw.

- Jetzt gähnen Sie herzhaft, aber entspannt, mit Ton: „haaaaaaaa". Und nun sprechen Sie mit Ihrem Eigenton, nicht gelangweilt, aber entspannt einen Übungstext oder Folgendes, dafür wunderbar geeignetes Gedicht:

> Schläft ein Lied in allen Dingen,
> die da träumen fort und fort,
> und die Welt hebt an zu singen,
> triffst Du nur das Zauberwort.

> Joseph von Eichendorff

WAS BEDEUTET DIE 4. SÄULE DER STIMME FÜR IHRE KOMMUNIKATION?

- Sie spüren: Ihr Körper ist Ihr Instrument.

- Sie lernen Ihren Eigenton, Ihre Wohlfühllage kennen.

- Ihre Stimme fängt langsam an, Ihnen Spaß zu machen.

5. Säule der Stimme
–
Ein lockeres Mundwerk

> „In der Ökonomie,
> mit der Worte geformt werden,
> liegt die Genauigkeit,
> mit der sie Gedanken verwirklichen."
>
> Kristin Linklater

Gehen wir davon aus, dass Sie die möglichen Fallen, die sich in den vier ersten Säulen auftun, glorios umschifft haben:

▸ Sie stehen locker und souverän aufgerichtet.

▸ Ihr Atem ist Ihnen bestens vertraut und fließt frei.

▸ Ihre wichtigste Atemmuskulatur, das Zwerchfell arbeitet unverkrampft, das Lampenfieber ist kein Feind mehr.

▸ Ihr Stimmklang entwickelt sich in Ihren Resonanzräumen optimal, Sie kennen Ihren Eigenton und Ihre Stimme klingt voll und angenehm.

Dann ist doch alles gut, oder?

Ja, Sie haben bis hierher schon eine Menge Gutes für sich und Ihre Stimmpersönlichkeit getan.

Aber:

Es gibt noch ein paar Stolpersteine, die Sie zumindest kennen sollten.

Wenn Ihre Stimme und Sprache trotz der oben genannten guten Voraussetzungen eng, fest, undeutlich, knödelig oder nasal ist, kurz: immer noch nicht frei und angenehm klingt, dann gibt es Probleme im 'Stimmkanal'.

Mit Stimmkanal bezeichnen wir die Passage, durch die Ihr Klang 'passiert', also hindurchgeht und zu Worten geformt wird: KIEFER – ZUNGE – WEICHER GAUMEN.

Wenn Verspannungen in einem dieser drei Bereiche bestehen, wirkt sich das leider negativ auf die anderen aus:

▸ wenn der Kiefer klemmt und Sie 'die Zähne nicht auseinander kriegen', wird Ihr Klang fest und die Sprache undeutlich.

▸ wenn die Zunge ver-spannt oder umgekehrt unter-spannt ist, haben Sie den berühmten 'Knoten in der Zunge' oder nuscheln.

▸ wenn Ihr weicher Gaumen untrainiert wie ein schwerer Vorhang auf Ihrem Klangstrom hängt, besteht die Gefahr, dass der Klang in die Nase wandert.
Eine nasale Stimme ist nicht wirklich schön, und bei vermehrtem Druck wird daraus eine Quäkstimme, gut zu hören, aber enervierend.

Für die meisten meiner Klienten sind die Übungen für den Stimmkanal, also Kiefer, Zunge und weicher Gaumen ein „Aha!"-Erlebnis und bringen den gewünschten Erfolg.

Wie geht es IHREM KIEFER?

Gehören Sie zu den Menschen, die 'Ärger herunterschlucken'?

Glauben Sie, sich 'durchbeißen' oder 'die Zähne zusammenbeißen' zu müssen?

Knirschen Sie nachts und wachen morgens mit verspanntem Kiefer auf?

Wenn ja: trösten Sie sich, Sie sind nicht allein. Mindestens 80% meiner Klienten bezeichnen ihren Kiefer als verspannt.

Und bedenken Sie:

Ihr Kiefer macht das nicht, um Sie zu ärgern, sondern um Sie zu 'schützen'.

Wenn Sie wie beschrieben Ihre Emotionen nicht zulassen oder zeigen, sind Sie auch (scheinbar) weniger verletzlich.

Tatsächlich 'riskieren' Sie mit einem entspannten Stimmkanal, dass Ihre Stimme frei und Ihre Emotionen hörbar werden, Sie also als authentisch wahrgenommen werden.

Doch wenn Sie gelernt haben, Ihre Kiefergelenke zu entspannen und auch beim Sprechen entspannt zu lassen, wollen Sie dieses Gefühl nicht mehr hergeben. Ich behaupte sogar, dass ein entspannter Kiefer die Lebensqualität ganz drastisch erhöht!

Christine, eine Architektin, hat nach einiger Zeit täglicher Kieferwahrnehmung und -übung beschlossen, ihre nächtliche Beißschiene nicht mehr zu verwenden. Ihr Zahnarzt und ihr Zahnschmelz danken es ihr. Sie selbst ist deutlich entspannter und ihr Klang und Artikulation sind es auch.

Allein der sensible Kieferbereich lohnt den Weg zu einem | einer guten Stimmtrainer|in.

Im Folgenden aber wenigstens eine Übung, damit Sie beim Sprechen 'die Zähne auseinander bekommen'.

Übung | Kiefer

▸ Sitzen oder stehen Sie mit aufgerichteter Wirbelsäule.

▸ Achten Sie auf einen langen, nicht überstreckten Nacken. Dehnen Sie diesen behutsam zu jeder Seite, nach hinten, nach vorne.

▸ Und lassen Sie Ihre Schultern kreisen.

▸ Gähnen Sie herzhaft.

▸ Massieren Sie jetzt mit Ihren Daumenballen oder Fingerspitzen in kleinen kreisenden Bewegungen Ihre Kaumuskulatur und streichen Sie diese dann nach unten aus.

▸ Stellen Sie sich vor, Sie hätten Ihre Kiefermuskulatur 'weg massiert': Ihr Kiefer sollte nun hängen und mindestens der kleine Finger zwischen Ihre Zähne passen.

Das ist zugegebenermaßen für Viele am Anfang gewöhnungsbedürftig. Ein Kind hat den Mund oft 'vor Staunen offen stehen', uns Großen hat man das abtrainiert: „Mach den Mund zu, es zieht!"

- Schieben Sie nun den hängenden Unterkiefer mit der Oberseite Ihrer Finger 'zu', nach oben also.
- Dann lassen Sie Ihre Hand fallen.
- Ihr Kiefer fällt hoffentlich in die Schwerkraft (Sie haben ja keine Kiefermuskeln mehr).
- Passt Ihr Finger noch dazwischen?

- Wiederholen Sie das ein paar Mal, vielleicht fällt es Ihnen mit der Zeit leichter?

- Nun bringen Sie wieder den kleinen Finger seitlich zwischen die Backenzähne und sprechen Sie ein paar Zeilen Text. Sprechen Sie klangvoll, 'investieren' Sie in Ihren Atem.
- Nehmen Sie den Finger während des Sprechens heraus, sprechen Sie genauso weiter, verändern Sie nichts.

Haben Sie Ihr Handy griffbereit? Dann nehmen Sie den Text wie eben beschrieben auf. Sie werden den Unterschied hören.

Wie geht es IHRER ZUNGE?

„Keine Ahnung", „blöde Frage"

... egal, was Sie jetzt vielleicht denken: Sie kennen vermutlich trotzdem das Gefühl, dass Ihnen 'die Zunge am Gaumen klebt' oder Sie 'einen Knoten in der Zunge' haben. Und wenn Sie den berühmten 'Kloß im Hals' haben, ist vermutlich gerade der hintere Teil Ihrer Zunge verspannt.

Wenn wir sprechen, ist unsere Zunge extrem beansprucht.

Wir tun gut daran, sie zu entspannen, wann immer das möglich ist, auch beim (!) Sprechen, und sie nur dort gespannt einzusetzen, wo wir sie gerade für die Artikulation brauchen.

Dummerweise ist die Zunge bei uns ein Tabu-Thema.

Kinder sind da noch völlig ungeniert: sie schneiden Grimassen, strecken die Zunge raus, schmatzen, schlürfen, schlecken, machen die ungewöhnlichsten Geräusche und finden es schön. Das alles wurde uns ab-erzogen.

Zu Trainingszwecken sollten Sie das vergessen und 'scham-los' sein – im Wortsinn ohne Scham und ungeniert.

ÜBUNG | EIN LOSES MUNDWERK

‣ Lassen Sie Ihrer kindlichen Phantasie freien Lauf

   ‣ machen Sie einen Kussmund

   ‣ grinsen Sie breit

   ‣ machen Sie eine beleidigte Schnute

   ‣ reißen Sie den Mund weit auf

   ‣ lassen Sie die Lippen 'flattern'

   ‣ die Zunge im Mund 'wandern'

   ‣ die Wangen 'ausbeulen'

   ‣ die Zunge raushängen

   ‣ schmatzen Sie

   ‣ 'schütteln' Sie Ihr Gesicht aus

   ‣ kauen Sie genüsslich bei geschlossenen Lippen und mit Ton (!).

‣ Nehmen Sie einen Spiegel und beobachten Sie:
wenn Sie den Mund etwas mehr als sonst öffnen, können Sie

Ihren Rachen sehen und kann Ihre Zunge dabei entspannt liegen bleiben?

▸ Und wenn Sie jetzt auf „haaaaa" tönen: bleibt Ihre Zunge entspannt?

Vielleicht fühlen Sie sich albern, zumindest ist es ungewohnt, aber alles, was Ihre Zunge dehnt, kräftigt und bewusst entspannt, ist gut für Ihren freien Stimmklang und Ihre Artikulation.

Und wie geht es IHREM (WEICHEN) GAUMEN?

„O Gott, dass auch noch...."

Keine Sorge, damit werde ich Sie nicht weiter belästigen.

Das Beste, das Sie für ihn tun können, ist immer wieder herzhaft und ungeniert zu gähnen.

Und tun Sie das mal vor dem Spiegel: sehen Sie, wie sich der weiche Gaumen hebt?

ÜBUNG | RAUMGEFÜHL

▸ Gähnen Sie ein und aus, und lassen Sie beim 'Aus-Gähnen' Klang entstehen: „haaaaa".

▸ Behalten Sie dieses Raumgefühl und sprechen Sie folgenden Zungenbrecher:
„Wenn mancher Mann wüsste, wer mancher Mann wär', tät' mancher Mann manchem Mann manchmal mehr Ehr!"

Was bedeutet die 5. Säule der Stimme für Ihre Kommunikation?

▸ Ihre Stimme klingt frei und kann sich voll entfalten.

▸ Ihre Sprechwerkzeuge arbeiten ökonomisch und entspannt.

▸ Ihre Artikulation ist deutlich und natürlich.

6. Säule der Stimme

—

mehr Eindruck durch Ausdruck

In dieser Säule möchte ich Sie ermutigen, sich dem gesprochenen Wort auf offene, neue und unkonventionelle Weise zuzuwenden.

Sobald ein Text erlernt ist, besteht immer die Gefahr, dass er nicht mehr lebendig klingt.

Die große Kunst eines Schauspielers – aber auch eines Redners, der die gleiche Rede immer wieder hält, eines Verkäufers, der das gleiche Produkt immer wieder an den Mann bringt, eines Lehrers, der den gleichen Lernstoff immer wieder vermittelt, einer Führungskraft, die die bestehende Firmenphilosophie immer wieder verkauft – besteht darin, den Text in dem Moment, in dem er gesprochen wird, neu entstehen zu lassen, ihn in dem Moment 'zu erfinden'.

Das geht überall, selbst dort wo es unmöglich erscheint.

Oliver, Professor, war überzeugt, dass die Emotionalität, die ich mir von ihm in seiner Vorlesung (Laborstatistiken!) wünschte, für ihn unmöglich sei.

Oder er müsste sich das nächste Mal Mut antrinken.

Nach einigen Anläufen und seiner Meinung nach grauenvollen Übertreibungen hat er ganz ohne Alkohol erstens richtig Spaß entwickelt und zweitens von seinen Studenten eine tolle Bewertung für seine Vorlesung bekommen.

Auf meiner Textmappe, in der das aktuelle Drehbuch liegt, prangt ein großes Logo: „DENKEN BEIM SPRECHEN ERLAUBT!"

Bei der Kommunikation geht es immer um die Vermittlung von Inhalten UND Emotionen.

Ich gehe davon aus, dass Sie Ihre Rede oder Präsentation inhaltlich strukturieren, ihr eine (hoffentlich) spannende Dramaturgie verpassen, mit Einleitung, Hauptteil und Schluss. Und so sollte auch Ihr stimmlicher und körpersprachlicher Ausdruck dieser Dramaturgie folgen und sie befördern, ja, vielleicht sogar erst ermöglichen.

Es geht um die Spannung und Energie zwischen 'Sender und Empfänger'.

Einer der Klassiker unter den Coaching-Leitsätzen lautet: „MEHR EINDRUCK DURCH AUSDRUCK".

Man könnte auch sagen: „DER TON MACHT DIE MUSIK".

Sie können stimmlich Spannung erzeugen und im Text Strukturen schaffen durch:

‣ BETONUNGEN
... um einen Gedanken oder ein Wort hervorzuheben.
Nicht alles Gesagte ist gleich wichtig. Seien Sie eindeutig!
Es gibt viele Möglichkeiten, ein Wort hervorzuheben, allein schon durch Tonhöhe und Lautstärke.
So wechseln Sie zwischen Beiläufigem und Fettgedrucktem.

‣ DYNAMISCHES SPRECHEN
... um das Gesagte lebendig klingen zu lassen.
Verhindern Sie (b)leiernde Langeweile!
Sie erschaffen sich Ihre eigene 'Partitur', indem Sie mit musikalischen Gegensätzen, wie Lautstärke (laut|leise), Modulation (hoch|tief) und Tempo (langsam|schnell) spielen.
Sie sprechen melodiös und dynamisch, verhindern Monotonie und erhöhen die Intensität.

‣ PAUSEN
... um Spannung und Entspannung zu erzeugen.
Mut zur Pause! Besser noch: Lust an der Pause!
Es gibt die unterschiedlichsten Pausen, z.B.: kleine 'Abspann-Pausen', 'inspiratorische Pausen', 'Spannungspausen'...
Ihre Zuhörer und Sie als Sprechender werden es danken!
Sie vermeiden ein zu hohes Sprechtempo und peinliche "Äh"s,

die akustische Lückenbüßer sind.
Sie werden gedanklich klarer und die Zuhörer können Ihnen besser folgen.

‣ ARTIKULATION
... um deutlich und trotzdem natürlich 'verstanden' zu werden.
Articulare (lat.) heißt gliedern. Sie formen Ihren Klangstrom in Worte.
Natürlich, und deutlich!

‣ EMOTIONALE (KLANG-)FARBEN erlauben
... um einen Text lebendig werden zu lassen.
Keine Angst vor Emotionen, keine Angst vor Übertreibungen.
Emotionen bewegen Menschen.

ÜBUNG | TEXT'SPIELEREI'

‣ Erforschen Sie die unterschiedlichsten emotionalen Haltungen und Farben für einzelne Worte, Satzteile, Sätze, Abschnitte.
Schon grundlegende Emotionen wie Glück, Trauer, Freude, Ärger, Angst sind als 'Grundidee' hilfreich.

‣ Oder Sie erlauben es sich in 'Rollen' zu schlüpfen.
Probieren Sie aus, was passiert, wenn Sie Ihren Text sprechen, wie

  ‣ der Fernsehpfarrer beim 'Wort zum Sonntag'

  ‣ die Wahrsagerin auf dem Jahrmarkt beim Blick in ihre Glaskugel

  ‣ der Politiker bei seiner alles entscheidenden Wahlkampfrede

  ‣ der General beim Appell vor seiner Truppe

  ‣ die Bardame beim Flirt über den Tresen

  ‣ der Weihnachtsmann...
  Ihrer Phantasie sind keine Grenzen gesetzt, seien Sie mutig!

Abgesehen vom Spaßfaktor erfahren Sie ganz nebenbei, was Ihre Stimme alles kann.

Vermutlich hat sich auch Ihre Körpersprache automatisch mit den verschiedenen Typen verändert.

Wenn Sie dann zur 'Normalität' zurückkehren, profitieren Sie stimmlich und körpersprachlich von der Erfahrung und trauen sich vermutlich in jeder Beziehung viel mehr (zu).

WAS BEDEUTET DIE 6. SÄULE DER STIMME FÜR IHRE KOMMUNIKATION?

▸ Sie sprechen lebendig, gut verständlich und persönlich.

▸ Sie sind sich Ihrer Mittel bewusst, ohne äußerlich zu agieren.

▸ Sie überzeugen.

7. Säule der Stimme

—

Anklang durch Einklang

Vielleicht klingt der Begriff Ethik für Sie zu sehr nach Moral, nach universellem Bewusstsein und zu esoterisch?

Spiritualität gehört für Sie eher in die Kirche und das Wort Achtsamkeit wird Ihnen inzwischen zu inflationär verwendet?

Ich möchte die Begriffe Ethik, Bewusstheit, Achtsamkeit und universelles Bewusstsein aus dem Blickwinkel 'meines' Themas 'Kommunikation – Stimme' aufgreifen, um den Kreis zu schließen.

Und damit möchte ich den ganzheitlichen Aspekt und Gewinn (!) der Beschäftigung mit der eigenen Stimme (und Körpersprache) betonen.

ETHIK

Das bedeutet für mich ein Bewusstsein für allgemein gültige Werte des menschlichen Zusammenlebens.

Auf die Kommunikation bezogen heißt das: ich bin mir bewusst und verantwortlich für das, was und wie ich kommuniziere. Ich bin mir der Macht der Worte und der Stimme bewusst. Ich kann und möchte durchaus überzeugen, gerne begeistern, keinesfalls langweilen und erst recht nicht manipulieren!

Die sogenannte Sprechwirkung entsteht auf drei Ebenen:

I.   das Verbale
(Inhalt)

II.   das Extraverbale
(optische Signale wie Mimik, Körpersprache, Gestik) und

III. das Paraverbale
(akustische Signale wie Stimme und Sprechweise).

Manche meiner Kollegen zitieren und verehren Albert Mehrabian, der 1972 in einer Studie belegte, dass für die persönliche Ausstrahlung und Kommunikation 57 Prozent Optik, 38 Prozent Akustik und nur 7 Prozent Inhalt verantwortlich seien.

Was für ein wunderbares Argument für Stimm- und Körpersprachtrainer! Ich denke nicht, dass es fast egal ist, was Sie sagen. Ich sehe es eher als eine Bestätigung für die Bedeutung der beiden anderen Faktoren an, die oft vernachlässigt werden, eben wie Sie etwas sagen.

BEWUSSTHEIT

Ich bin mir meiner selbst bewusst und ich habe meinen Standpunkt.

Ich stehe mit beiden Beinen in der Welt, ich bin verankert mit Körper und Geist. Ich bin offen und HELLHÖRIG, d.h. ich folge meiner Intuition, meinem Bauchgefühl und meinem Verstand.

Die Fähigkeit der Hellhörigkeit bedeutet, dass ich Wort | Inhalt und Stimmung | Emotion erfasse.

Ich respektiere mein Gegenüber und HÖRE zu.

> „Das Wort gehört zur Hälfte dem, welcher spricht,
> und zur Hälfte dem, der zuhört."
> Montaigne

ACHTSAMKEIT

Ich achte auf mich, meinen Körper, meinen Atem und meine Stimme.

Ich behandle sie nicht als angeborene Tatsachen, die gefälligst zu funktionieren haben, sondern ich schenke ihnen Aufmerksamkeit, freue mich über ihre unglaublichen Möglichkeiten und nutze diese!

Und da sie mir wichtig sind, pflege ich sie, gehe gut mit ihnen um und entwickele mich mit ihnen.

UNIVERSELLES BEWUSSTSEIN – AM ANFANG WAR DAS WORT.

Also war der Anfang hörbar.

Der erste Sinn, den der kleine Mensch im Mutterleib entwickelt, ist der Gehörsinn.

Und der letzte Sinn, der uns verlässt, ist es auch (das Wort 'auf-hören' hat mich schon immer interessiert).

> „Das Auge bringt den Menschen in die Welt.
> Das Ohr bringt die Welt in den Menschen."
> Lorenz Oken

Auf der ganzen Welt werden Mantren gesungen, im Buddhismus „Om" oder "Aum", bei uns im christlichen Umfeld ist es das „A-men".

Töne, Silben, Klänge sind Universalsprache.

Schon die Sprache der Babys ist eine Universalsprache.

Man hat herausgefunden, dass alle Babys auf der Welt ihren ers-ten 'Urschrei' auf der Höhe des Kammertons 'a' loslassen, 440 Hertz, d.h. die Stimmlippen des Babys schwingen 440 Mal pro Sekunde (und das ist auch der Ton, nach dem ein Orchester sich einstimmt).

Die ersten menschlichen Laute sind gleich, und ob die Sprache des Babys dann finnisch oder chinesisch wird, hängt nur davon ab, was es im Laufe des Heranwachsens hört und nachmacht.

ATEM IST STIMME, UND STIMME IST KLANG.

Ich habe eine ganz wunderbare und sehr bekannte Kollegin, die regelmäßig zum Stimmtraining kommt.

Zunächst war ich fast aufgeregt, weil sie eigentlich doch alles 'kann'. Was soll ich ihr beibringen?

Sie sagt: „Allein das Bewusstmachen von Atem und Klang, das Anerkennen der eigenen Möglichkeiten, aber auch die Freude, immer wieder Neues auszuprobieren ist ein Geschenk. Besser als eine Massage oder neue Schuhe."

Wer wollte da widersprechen...

▸ Die Beschäftigung mit und die 'Arbeit' an Ihrer Stimme bedeutet immer auch eine Entwicklung Ihrer Persönlichkeit.

▸ Sie können Stimme und Persönlichkeit nicht trennen und Sie profitieren immer.

▸ Wenn Sie Ihren persönlichen Klang (wieder-)finden, sind Sie im Einklang mit sich selbst und finden Anklang.

Die 7 Säulen der Stimme (be)stimmen!

Neulich erreichte mich der Notruf eines Kunden, völlig verzweifelt, überlastet und unüberhörbar heiser.

Ein professioneller Redner, der wunderbar redet und viel Geld damit verdient. Und der ohne sein Instrument Stimme völlig aufgeschmissen ist.

Es stellte sich heraus, dass er fast alles außer Acht gelassen hatte, was einem der gesunde Menschenverstand und der Stimmtrainer, in dem Fall ich, sagt. Er hatte den entscheidenden Fehler gemacht, seine Stimme als selbstverständlich anzusehen.

Ich bin immer wieder erstaunt, wie wenig Bewusstsein für die eigene Stimme bei den meisten Menschen verankert ist, selbst bei denen, die auf sie angewiesen sind.

Fast alle von uns müssen viel reden, sei es am Telefon, in Meetings, Konferenzen, in Verkaufs-, Mitarbeiter- oder Kundengesprächen, auf der Bühne oder bei Präsentationen. Und viele kümmern sich erst dann um ihre Stimme, wenn sie nicht mehr funktioniert.

Kein Fußballspieler dieser Welt geht auf den Platz und bolzt einfach los, kein Pianist klappt als Vorbereitung für das Konzert nur den Flügeldeckel auf. Jeder Tänzer wärmt sich auf, jeder Sänger singt sich ein.

Nur beim Sprechen soll es einfach so funktionieren?!

So wie Sie sich morgens vermutlich räkeln, gähnen und strecken, können Sie sich angewöhnen, auch Ihre Stimme aufzuwecken.

So wie alle Muskeln, die länger nicht bewegt werden, verkürzen sich auch die an der Stimmgebung beteiligten Muskeln über Nacht und sondern Schlacken ab.

Also dehnen und gähnen Sie sich am besten gleich MIT Stimme, aktivieren Sie Ihren Körper MIT Stimme, summen sie unter der Dusche, machen Sie ein paar Übungen auf dem Weg zur Arbeit im Auto und singen Sie gerne lauthals Ihren Lieblingssong mit.

Auch wenn es nur ein paar Minuten am Morgen sind: alles ist besser als nichts. Und es sollte für Sie so selbstverständlich wie

Zähneputzen werden. Sie müssen deswegen nicht unbedingt früher aufstehen.

Stimmliches Aufwärmen ist wohltuend und nach meiner Meinung unverzichtbar, ersetzt aber natürlich nicht ein fundiertes Stimmtraining. Und selbst das macht nicht automatisch einen besseren Redner aus Ihnen, sondern nur das tägliche Tun.

Wie bei allen Dingen, die wir (wieder) erlernen, sei es Sprachen, Musik, Sport oder Wissenschaft gilt: ganz ohne Üben geht es nicht.

Aber: es dauert längst nicht so lange wie Klavierspielen zu lernen und im Gegensatz zum Klavier haben Sie Ihr Instrument Stimme immer dabei. Sie können es immer und überall tun.

Stimmtraining ist möglich, es lohnt sich und es macht Spaß! Denn:

DIE 7 SÄULEN DER STIMME BESTIMMEN!

ÜBUNGEN

I. Ihre Wünsche

Benennen Sie spontan mindestens fünf Begriffe, die Ihre Stimme beschreiben.

▸

▸

▸

▸

▸

Wie wünschen Sie sich Ihre Stimme?

2. Ausrichtung mit den Füssen

▸ Krallen Sie Ihre Zehen ein.

▸ Dann spreizen Sie sie weit auseinander.

▸ Spüren und belasten Sie drei Punkte und verteilen Sie Ihr Gewicht gleichmäßig darauf: Außenballen, Innenballen, Fersen.

▸ Pendeln Sie leicht hin und her, vor-zurück-seitlich und finden Sie auf diesen drei Punkten an jedem Fuß Ihre mittige Ausrichtung (gerne mit geschlossenen Augen).

3. MITTIG MIT DEN KNIEN PENDELN

▸ Spannen Sie bewusst Ihre Kniescheiben an (wie 'Säbelbeine').

▸ Dann lassen Sie sie wieder los.

▸ Federn Sie leicht und locker mit den Knien, verstärken Sie die Bewegung und kommen dann langsam zu Ruhe, pendeln Sie sich wieder mittig ein.

4. Becken kreisen lassen

▸ Schwingen Sie Ihr Becken (das geht auch im Sitzen).
Tanzen, Bauchtanzen, einen imaginären Hula Hoop Reifen
kreisen lassen...
Ihrer Phantasie sind da keine Grenzen gesetzt.

5. WIRBELSÄULE
AUFRICHTEN

▸ Stehen Sie hüftbreit, gut 'geerdet' und recken Sie Ihre Arme gen Himmel, dehnen, strecken und gähnen Sie genüsslich und gerne mit Ton.

▸ Dann lassen die Arme sinken, und rollen Sie langsam die Wirbelsäule nach vorne abwärts, bis Sie kopfüber hängen.

▸ Nehmen Sie ein paar entspannte tiefe Atemzüge, dann richten Sie sich Wirbel für Wirbel wieder auf.
Stellen Sie sich dabei vor, dass sich Luftpolster zwischen jedem Wirbel befinden, so dass die Wirbelsäule von innen heraus, ohne äußere Muskulatur aufgerichtet wird.
Die Bauchdecke ist entspannt, der Atem fließt.
Als letztes schwebt Ihr Kopf nach oben, als wäre er der letzte Wirbel und so leicht wie ein Ballon.

▸ Rollen Sie die Schultern, schlenkern Sie Ihre Arme um sich herum, ballen Sie Ihre Hände zu Fäusten und lösen Sie sie wieder.

▸ Entspannen Sie Ihre Kiefergelenke, atmen Sie durch den Mund.

▸ Und nun schütteln Sie alles aus, dehnen und gähnen Sie wieder herzhaft und mit Ton.

6. GESICHTSGYMNASTIK

▸ Ballen Sie Ihr Gesicht zusammen, so als ob etwas ganz fürchterlich schmeckt.

▸ Dann 'reißen' Sie Ihr Gesicht weit auf, wie in einem Horrorfilm.

▸ Schneiden Sie alle Grimassen, die Ihnen gerade einfallen und lassen Sie Ihre Lippen 'flattern': „Brrrrr..."

▸ Öffnen Sie Ihre Lippen, Ihr Unterkiefer hängt in die Schwerkraft und Sie atmen (durch den Mund) erleichtert ein und aus.

7. DAS ZWERCHFELL

ENTHINDERN

▸ „Brust raus, Bauch rein!" – ziehen Sie Ihren Bauch richtig fest ein und versuchen Sie tief ein- und auszuatmen.

▸ Schätzen Sie einmal: wie viel Prozent Ihrer Lungenkapazität nutzen Sie? Wenn es ein Drittel ist, ist es viel. Sie kommen damit in die Hochatmung, auch Stressatmung genannt.

▸ Nun sinken Sie im Oberkörper richtig zusammen. Abgesehen davon, dass das nicht gerade vorteilhaft aussieht und Sie sich vermutlich nicht besonders dynamisch fühlen, quetschen Sie jetzt Ihre Rippen, Ihre Lungen und Ihr Zwerchfell ein. Wieder ist die Atmung behindert. Ein Grund mehr, die Wirbelsäule von innen heraus aufzurichten: Sie sehen besser aus, Sie fühlen sich besser und der Atem kann frei fließen. Damit erfahren Sie spürbar, dass Sie für eine freie Atmung nicht nur die Lungen benötigen, sondern auch das (nicht behinderte) Zwerchfell.

8. DIE ATEMWAHRNEHMUNG

‣ Stehen oder sitzen Sie entspannt.

‣ Richten Sie Ihre Wirbelsäule von innen heraus auf.

‣ Und legen Sie Ihre Hand auf Ihre Atemgegend, dort, wo Ihr
   Zwerchfell mit der Bauchdecke verbunden ist (zwischen Brustbein und Bauchnabel).

‣ Ihr Unterkiefer ist entspannt und leicht geöffnet.

‣ Denken Sie an ein leichtes Gähnen und lassen Sie Ihren Atem
   durch den Mund ein- und ausgehen.

‣ Nehmen Sie nun, ohne etwas hinzuzufügen oder zu erzwingen,
   Ihren Atem und die damit verbundene Bewegung wahr.

9. EMOTIONALER ATEM

▸ Atmen Sie aufmerksam und ungezwungen ein und aus.

▸ Denken Sie an 'Erleichterung', wenn Sie den Atem loslassen.

▸ Spüren Sie in der kleinen Atempause die Notwendigkeit entstehen, dass der Atem sich erneuern möchte, den sogenannten Lufthunger.

▸ Sie müssen nicht aktiv einatmen, der Atem kommt zu Ihnen,
Sie 'werden geatmet'.

▸ Ihre Schultern und Ihr Brustkorb sind dabei aufgerichtet, aber
locker und an der Atembewegung unbeteiligt.

▸ Spielen Sie jetzt mit unterschiedlichen Atemimpulsen | Situati-
onen, denken Sie z.B. an:
einen heftigen Streit | extreme Wut,
eine äußerst komische Situation,
Ihre erste ernstgemeinte Liebeserklärung,
ehrliche Trauer,
den Beginn einer für Sie wichtigen Rede...

▸ Wie reagiert Ihr Atem?

10. Abspannen – Sie werden geatmet

▸ Stützen Sie Ihre Hände in die Taille.

▸ Stellen Sie sich Ihre Geburtstagstorte vor und pusten Sie mit vielen kurzen, knackigen „fffh-fffh-fffh..." die Kerzen aus. Das können Sie ziemlich lange machen, denn Sie bekommen automatisch so viel Luft wieder, wie Sie verbraucht haben (im Fachjargon nennt man das 'Abspannen' oder 'reflektorisches Atemerneuern'). Und der Atem erneuert sich durch den Mund.

II. Selbst-bewusst

Wie ist es für Sie in diesem Moment:

‣ sind Sie 'selbstbewusst' in des Wortes Sinne
(= Ihrer selbst bewusst, in diesem Moment)?

‣ sind Sie 'aufrichtig'?
(gute Aufrichtung der Wirbelsäule von innen, Knie gelöst)

‣ ist der Kiefer leicht geöffnet?
(Kommunikationsöffnung)

‣ atmen Sie aus und lassen dann die Bauchdecke los!

‣ nehmen Sie Ihr Gegenüber, Ihr Publikum wohlwollend wahr!

‣ strecken Sie beide Arme nach oben in eine Siegerpose
und atmen Sie tief ein und aus!

‣ und nun freuen Sie sich auf Ihren Auftritt, Ihre Show!

12. Ihr Eigenton

Wichtig ist, dass Ihre Stimme dabei 'indifferent' ist, also relativ emotionslos, ohne Ehrgeiz oder Absicht, fast gelangweilt.

▸ Summen Sie entspannt: „mmmmmh".

▸ Nun öffnen und schließen Sie Ihre Lippen und tönen dabei: „mmmamamamammm".

▸ Nun ein eher nachdenkliches Zustimmen, im Sinne von: „Da haben Sie Recht", oder am Telefon: „Ich bin noch dran, ich höre zu: mmmh".

▸ Nun ein verbales Zustimmen, immer noch entspannt: „jajaja". Jetzt zählen Sie ganz gemütlich von 1 bis 5: „eins, zwei, drei, vier, fünf".

▸ Nochmals: „mmmmh, mmmamamamammm, mmmmh, jajaja, eins, zwei..." usw.

▸ Jetzt gähnen Sie herzhaft, aber entspannt, mit Ton: „haaaaaaa". Und nun sprechen Sie mit Ihrem Eigenton, nicht gelangweilt, aber entspannt einen Übungstext oder Folgendes, dafür wunderbar geeignetes Gedicht:

> Schläft ein Lied in allen Dingen,
> die da träumen fort und fort,
> und die Welt hebt an zu singen,
> triffst Du nur das Zauberwort.
>
> Joseph von Eichendorff

13. Ihr Kiefer

- Sitzen oder stehen Sie mit aufgerichteter Wirbelsäule.
- Achten Sie auf einen langen, nicht überstreckten Nacken. Dehnen Sie diesen behutsam zu jeder Seite, nach hinten, nach vorne.
- Und lassen Sie Ihre Schultern kreisen.
- Gähnen Sie herzhaft.
- Massieren Sie jetzt mit Ihren Daumenballen oder Fingerspitzen in kleinen kreisenden Bewegungen Ihre Kaumuskulatur und streichen Sie diese dann nach unten aus.
- Stellen Sie sich vor, Sie hätten Ihre Kiefermuskulatur 'weg massiert': Ihr Kiefer sollte nun hängen und mindestens der kleine Finger zwischen Ihre Zähne passen.
- Schieben Sie nun den hängenden Unterkiefer mit der Oberseite Ihrer Finger 'zu', nach oben also.
- Dann lassen Sie Ihre Hand fallen.
- Ihr Kiefer fällt hoffentlich in die Schwerkraft (Sie haben ja keine Kiefermuskeln mehr).
- Passt Ihr Finger noch dazwischen?

- Wiederholen Sie das ein paar Mal, vielleicht fällt es Ihnen mit der Zeit leichter?

- Nun bringen Sie wieder den kleinen Finger seitlich zwischen die Backenzähne und sprechen Sie ein paar Zeilen Text. Sprechen Sie klangvoll, 'investieren' Sie in Ihren Atem.
- Nehmen Sie den Finger während des Sprechens heraus, sprechen Sie genauso weiter, verändern Sie nichts.

14. Lockern Sie
Ihr Mundwerk

▸ Lassen Sie Ihrer kindlichen Phantasie freien Lauf

  ▸ machen Sie einen Kussmund

  ▸ grinsen Sie breit

  ▸ machen Sie eine beleidigte Schnute

  ▸ reißen Sie den Mund weit auf

  ▸ lassen Sie die Lippen 'flattern'

  ▸ die Zunge im Mund 'wandern'

  ▸ die Wangen 'ausbeulen'

  ▸ die Zunge raushängen

  ▸ schmatzen Sie

  ▸ 'schütteln' Sie Ihr Gesicht aus

  ▸ kauen Sie genüsslich bei geschlossenen Lippen und mit Ton (!).

▸ Nehmen Sie einen Spiegel und beobachten Sie:
wenn Sie den Mund etwas mehr als sonst öffnen, können Sie Ihren Rachen sehen und kann Ihre Zunge dabei entspannt liegen bleiben?

▸ Und wenn Sie jetzt auf „haaaaa" tönen: bleibt Ihre Zunge entspannt?

15. RAUMGEFÜHL

▸ Gähnen Sie ein und aus, und lassen Sie beim 'Aus-Gähnen' Klang entstehen: „haaaaa".

▸ Behalten Sie dieses Raumgefühl und sprechen Sie folgenden Zungenbrecher:
„Wenn mancher Mann wüsste, wer mancher Mann wär'. Tät' mancher Mann manchem Mann manchmal mehr Ehr!"

16. 'Spielen' Sie mit Ihrem Text

▸ Erforschen Sie die unterschiedlichsten emotionalen Haltungen und Farben für einzelne Worte, Satzteile, Sätze, Abschnitte. Schon grundlegende Emotionen wie Glück, Trauer, Freude, Ärger, Angst sind als 'Grundidee' hilfreich.

▸ Oder Sie erlauben es sich in 'Rollen' zu schlüpfen. Probieren Sie aus, was passiert, wenn Sie Ihren Text sprechen wie

  ▸ der Fernsehpfarrer beim 'Wort zum Sonntag'

  ▸ die Wahrsagerin auf dem Jahrmarkt beim Blick in ihre Glaskugel

  ▸ der Politiker bei seiner alles entscheidenden Wahlkampfrede

  ▸ der General beim Appell vor seiner Truppe

  ▸ die Bardame beim Flirt über den Tresen

  ▸ der Weihnachtsmann...
  Ihrer Phantasie sind keine Grenzen gesetzt, seien Sie mutig!

Abgesehen vom Spaßfaktor erfahren Sie ganz nebenbei, was Ihre Stimme alles kann.

Vermutlich hat sich auch Ihre Körpersprache automatisch mit den verschiedenen Typen verändert.

Wenn Sie dann zur 'Normalität' zurückkehren, profitieren Sie stimmlich und körpersprachlich von der Erfahrung und trauen sich vermutlich in jeder Beziehung viel mehr (zu).

17. 10 TÄGLICHE ÜBUNGEN ZUM AUFWÄRMEN

I.   Dehnen, lockern, aktivieren nach Belieben

II. Genüsslich Gähnen, mit Stimme

III. Den Körper ausschütteln, mit Stimme

IV. Haltung und körperliche Aufrichtung spüren

V.   Atem wahrnehmen

    (I)   atmen Sie auf einem langen, strömenden „fffff" aus

    (II) 'abspannen' auf „f – f – f "
         stellen Sie sich vor, dass Sie mit jedem 'f' eine Kerze
         auspusten, Ihre Bauchdecke federt dabei nach innen

    (III) jetzt noch einmal 'abspannen' – diesmal auf den stimm-
         losen (den geflüsterten) Konsonanten – „p – t – k"
         auch hier federt die Bauchdecke jedesmal nach innen

VI. Lippenflattern: „brrrrrrr" (ohne und mit Stimme)
     Gesicht ausschütteln

VII. Summen: „mmmmmm"
     dabei Lippen auffallen lassen: „mmammmammmammmam"

    (I)   stimmhaftes „wwwwwwww"
         durch den ganzen Stimmumfang

    (II) stimmhaftes „ssssssssssss"

VIII. Kurze Artikulations-Aktivierung: „badabadabada", „dabada-
      badaba", „gadagadagada", „dagadagadaga"

IX. Eine Zeile Text, mit viel Klang sprechen

X.   Eine Zeile Text, mit Raum und Zuhörerbezug
     (Sie stellen sich beim Sprechen ein wirklich großes Auditorium
     vor.)

Fünf Minuten täglich genügen, natürlich gerne länger...!

10 von 100 Gründen

Meine 10 (von 100) guten Gründen für Stimmtraining

I. Stimmliche Entwicklung = Persönliche Entwicklung

Stimme und Person sind untrennbar verbunden. Wenn Sie Ihre Stimme entwickeln, profitiert immer! auch Ihre Persönlichkeit.

II. Körperliches Bewusstsein = Selbstbewusstsein

Durch körperliche Selbstwahrnehmung sind Sie sich 'Ihrer-selbst-bewusst', immer.

III. Bewusster Atem = mehr Lebensqualität

Wenn Sie Ihren eigenen Atem gut kennen und vertraut mit ihm sind, ist er auch in schwierigen Situationen Ihr verlässlichster Partner.

IV. Freier Kiefer – befreit!

Wenn Ihre Kiefergelenke entspannt sind, sind Sie nicht mehr 'verbissen' und 'kriegen die Zähne auseinander', d.h. Sie artikulieren klar und deutlich.

V. Sie haben mehr Erfolg als Redner

Da Sie dynamisch und moduliert sprechen, vermeiden Sie (b)leierne Langeweile.

VI. Sie werden gehört und wahrgenommen

Da Sie mit warmer, voller Stimme im 'Brustton der Überzeugung' sprechen, hört man Ihnen gerne zu.

VII. Sie können lange, lebendig und unbelastet sprechen

Sie kennen Ihr 'Instrument' Körper und Stimme, und bringen sich ohne Anstrengung in die richtige Schwingung.

VIII. Sie haben positive Spannung,
aber kein störendes Lampenfieber

Da Sie gut vorbereitet, 'aufgewärmt' und mental und körperlich gut focussiert sind, können Sie sich auf Ihren Auftritt freuen.

IX. Sie überzeugen und begeistern durch Ihre Stimme

Sie wissen, dass Ihre Stimme Ihre Persönlichkeit, Ihre Inhalte und Ihre Stimmung zum Ausdruck bringen kann.

X. Stimme macht Spaß!

STIMMTRAINING IST MÖGLICH,
LOHNT SICH
UND MACHT SPASS!

10 Stimmtipps für den Alltag

10 Tipps, damit Sie immer und überall 'gut zu hören' sind

I. Aufwärmen – Warm Up

Bitte wärmen Sie am besten immer Ihre Stimme auf, aber auf jeden Fall vor wichtigen Sprechsituationen – besser kurz, als gar nicht!

II. Cool Down nach dem Auftritt

Lockern und entspannen Sie Ihre Stimme mit Summen und Gähnen, und dann schweigen Sie!
Ihre Schweigezeit sollte ca. 10% der Redezeit betragen.

III. Vermeiden Sie Räuspern!

Lieber Summen und Gähnen oder einmal gescheit abhusten.

IV. Viel Flüssigkeit!

Trinken Sie viel, am besten stilles Wasser oder Kräutertee.

V. Vor dem Auftritt niemals!

Kaffee, schwarzen Tee, Milch, scharfe Gewürze, Alkohol, Nikotin – das alles reizt die Schleimhäute.

VI. Immer dabei!

Ein Schal, Lutschtabletten, Wasser sollten Sie am besten immer begleiten.

VII. Vermeiden Sie Klimaanlagen und Zugluft .

VIII. Mikrofon nutzen!

Besonders bei großen Räumen und spätestens ab 100 Zuhörern sollten Sie ein Mikrofon benutzen.

IX. Schweigen!

Bei starken Halsschmerzen, Heiserkeit, auf jeden Fall bei einer Kehlkopfentzündung schweigen Sie bitte, Sie sind krank!

X. Sorgen Sie für Ihre eigene gute Stimmung!

Alles, was Ihnen gut tut, tut auch Ihrer Stimme gut!

STIMMTRAINING IST MÖGLICH,
LOHNT SICH
UND MACHT SPASS!

Nicola Tiggeler

—

die Stimmende

Ich stimme!

Sprechen kann doch jeder, denken Sie? Aber können Sie auch begeistern und überzeugen, dank Ihrer Stimme? – Überzeugende Kommunikation beginnt mit dem Gefühl: „Das stimmt!"

Nicola Tiggeler zeigt Ihnen, wie Sie Anklang finden, Resonanz erzeugen und unter Stress in gelassener und guter Stimmung bleiben. Entdecken, erweitern, genießen Sie das Potential der Stimme.

Stimme spiegelt unmittelbar die Persönlichkeit wieder, sie ist ihre akustische Visitenkarte. Wie jemand wahrgenommen wird, hängt ganz entscheidend von seiner optischen und akustischen Präsenz ab, das heißt also von seiner Körper'sprache' und Stimme. Diese wichtigsten Kommunikationsinstrumente entscheiden, ob jemand glaubwürdig und kompetent erscheint oder ängstlich und nervös, ob jemand begeistert und mitreißt oder seine Umwelt langweilt.

PROFESSIONALITÄT

Nicola Tiggeler ist ausgebildete Schauspielerin, Opernsängerin, Sprecherin und Stimmtrainerin. Seit 25 Jahren steht sie auf der Bühne, vor der Kamera und dem Mikrofon. Neben dem Engagement an einigen bedeutenden Bühnen kann man sie immer wieder in verschiedenen Theaterproduktionen und auf dem Bildschirm erleben.

Im Fernsehen kennt man Nicola Tiggeler aus vielen Serien, vor allem ihre Rolle als Intrigantin in Europa´s erfolgreichster Telenovela 'Sturm der Liebe' hat inzwischen Kult-Status! 2010 erhielt diese Serie den deutschen Fernsehpreis.

Genauso leidenschaftlich arbeitet sie als zertifizierte Stimmtrainerin im Lehrauftrag an verschiedenen Hochschulen und gibt Seminare, interne Trainings und Einzelcoachings rund um 'ihr' Thema Stimme und Körpersprache im gesamten deutschsprachigen Raum.

Nicola Tiggeler ist Botschafterin der José Carrers Leukämie-Stiftung und des SOS-Kinderdorfes e.V.

WIE ES DAZU KAM?

Bereits mit acht Jahren sang Nicola Tiggeler ihre erste Solo-Partie an der Staatsoper Hannover.

Nach dem Studium und Diplom an der Hamburger Hochschule für Musik und Theater folgten viele Engagements, u.a. bei den Bayreuther Festspielen, am Thalia-Theater Hamburg, an der Staatsoper Hannover, am Staatstheater Wiesbaden, und sechs Jahre war sie festes Ensemblemitglied am Stadttheater Augsburg.

Heute kann man Nicola Tiggeler außer auf dem Bildschirm bei Tourneetheaterproduktionen, Lesungen und eigenen Abenden mit ihrem Mann, Timothy Peach, erleben.

Hier ein kleiner Auszug aus ihrem großen Repertoire von Oper über Operette und Musical bis hin zum Schauspiel:

Oper

Hänsel und Gretel	Hänsel
Die Hochzeit des Figaro	Cherubino
Der Raub der Lukretia	Lukretia
La Didone	Anna
Hoffmann´s Erzählungen	Niklas
Boris Godunow	Feodor
u.v.a.	

Musical

Der Mann von La Mancha	Aldonza
My fair Lady	Eliza
Der König und ich	Anna
Strannik – Die Rasputin-Story	Zarin
Linie 1	u.a. Lumpi, Bisi, Sängerin
Der kleine Horrorladen	Audrey
Mein Freund Bunbury	Gwendolyn
u.v.a.	

THEATER

Kleine Eheverbrechen	Lisa
Die Verbrechen des Lord Savil	Lady Savil
Penthesilea	Meroe
Moll Flanders	Moll
Stella	Stella
u.v.a.	

FILM & FERNSEHEN

Gleich das erste Casting bedeutete den Einstieg ins deutsche Fernsehen: 1992 wurde Nicola Tiggeler die Yvonne in 'Der Fahnder'. Mit so wunderbaren Kollegen wie Dieter Pfaff, Rita Russek und Jörg Schüttauf erlernte sie das 'neue' Handwerk.

Sieben weitere Serien-Hauptrollen und unzählige Fernsehfilm- und Episodenrollen folgten:

Der Fahnder	Hauptrolle	20 Folgen
Happy Holiday	Hauptrolle	13 Folgen
Zwischen Tag und Nacht	Hauptrolle	11 Folgen
Der Mond scheint auch für Untermieter	Hauptrolle	13 Folgen
Unser Charly	Hauptrolle	30 Folgen
Eine Frau wird gejagt	Titelrolle	16 Folgen
Ein Fall für zwei	Episodenhauptrolle	

Rosenheimcops	Episodenhauptrolle	3 Folgen
Schimpanski	Episodenhauptrolle	
Zwei Brüder	Episodenhauptrolle	
Hamann-Special	Episodenhauptrolle	
Soko 5113	Episodenhauptrolle	2 Folgen
Inseln unterm Wind	Episodenhauptrolle	
Bei aller Liebe	Episodenhauptrolle	
Eine Liebe auf Mallorca	Episodenhauptrolle	
Ritas Welt	Episodenhauptrolle	
Die Unzertrennlichen	Episodenhauptrolle	
Sprung ins Glück	Episodenhauptrolle	
Garmisch Cops	Episodenhauptrolle	
Von Arzt zu Arzt	Episodenhauptrolle	

und viele, viele mehr...

Heute kennt man Nicola Tiggeler in 21! Ländern:

STURM DER LIEBE	HAUPTROLLE	821 FOLGEN

Als „das Biest der Nation" (Frank Elstner) ist sie in dieser Serie inzwischen schon zweimal gestorben, war einmal im Gefängnis, z.Zt. ist sie krank, aber in Therapie... ein Ende ist nicht in Sicht.

Ihre Rolle der Intrigantin Barbara von Heidenberg hat in Europas erfolgreichster Telenovela inzwischen Kultstatus!

Nicola Tiggeler
im Interview

Profiler's Publishing fragt seine Autorin: Nicola Tiggeler, warum sind Sie Expertin für Erfolg?

Ich habe mit vier Jahren beschlossen, dass ich Sängerin werde. Und das habe ich dann auch mit der mir eigenen Konsequenz durchgezogen. Ich habe in Hamburg Gesang studiert und jeweils mein Diplom als Opernsängerin und als Gesangspädagogin gemacht.

Mein ganzes Berufsleben lang habe ich mich mit Stimme beschäftigt. Stimme ist mein Ding! Ich habe mit Sängern gearbeitet, die sprechen mussten, oder mit Schauspielern, die singen mussten. Und danach habe ich beschlossen, ich mache noch eine Ausbildung für die Sprechstimme. Die hat mir riesigen Spaß gemacht und nun bin ich auch Stimmtrainerin für Führungskräfte, Politiker, Moderatoren und alle, die viel sprechen und kommunizieren müssen.

Sie kennen die Werbung: „Mein Auto – mein Haus – mein Pool..". Uns interessiert: Woran messen Sie Erfolg?

Ich habe weder ein Haus, noch einen Pool, aber ich habe ein ganz wunderbares Leben. Erstens mit meiner tollen Familie und zweitens habe ich einen Beruf, der mich glücklich macht. Ehrlich gesagt, habe ich sogar zwei Berufe: Schauspielerin und Stimmtrainerin.

Und das ist für mich Erfolg, wenn ich das tue, was ich wirklich kann und was mir wirklich Spaß macht, weil es meine Berufung ist.

Wie haben Sie zu Ihrem unverwechselbaren Stil gefunden?

Also, erst einmal bin ich sehr konsequent in dem, was ich tue und dann mache ich die Dinge mit großer Leidenschaft. Und meine Leidenschaft überträgt sich. Meine Seminarteilnehmer und alle

Menschen, mit denen ich arbeite und zusammenkomme, die spüren diesen Funken, der da überspringt.

Wenn ich am Ende eines Tages sagen kann, ich habe die Dinge so getan, wie ich es liebe – nämlich mit Leidenschaft. Und wenn meine Passion übergesprungen ist und wir voneinander profitiert haben, dann ist es ein toller Tag.

Wenn ein guter Beobachter Sie eine Woche lang begleitet, woran kann er erkennen, dass Sie ein Erfolgstyp sind?

Ja, wenn er wirklich ein guter Beobachter ist, dann erkennt er, dass ich alles sein kann, aber nichts sein muss. Als Schauspielerin bin ich gewohnt, mich in alle Figuren hineinzudenken, in ihre Leidenschaften, ihre Temperamente. Und genau das macht mein Wesen aus und auch meinen Erfolg. Ich bin neugierig, ich bin lebensfroh, ich bin sehr optimistisch und ich stehe auch zu meinen Ecken und Kanten – mich muss nicht jeder lieben.

Was sagen Sie den Zweiflern?

Es gibt natürlich viele, die glauben, eine Stimme – oder ihre Stimme – sei ein Geschenk und damit eine Gottesgabe oder auch nicht. Und diesen Zweiflern beizubringen, oder besser: zu beweisen, dass man ganz viel für die Stimme tun kann, dass es auch ganz viel Handwerk ist, und dass es nur das Interesse und die Wahrnehmung braucht, um die Stimme zu verbessern. Das ist toll, wenn man das erreicht.

Wie lautet Ihr ultimativer Erfolgstipp?

Bleiben Sie neugierig und offen. Bleiben Sie bei sich, seien Sie im Moment. Und haben Sie Mut zu Visionen.

Die 10'er Karte
StimmTraining

I. KANN MAN DIE STIMME DENN WIRKLICH TRAINIEREN?

Ja! In jedem Alter kann man die Möglichkeiten der eigenen
Stimme entdecken, erweitern und befördern.
Und es lohnt sich, immer! (Nicht nur wegen Ihres Anrufbe-
antworters ;-)
Die Entwicklung der eigenen Stimme bedeutet immer auch
eine Entwicklung der eigenen Persönlichkeit. Inzwischen kennen Sie mein Credo: Stimmtraining ist möglich, lohnt sich und
macht Spaß!

II. WIE LANGE DAUERT DAS DENN?

Wertvolle Impulse bekommen Sie natürlich auch schon, indem Sie dieses Buch lesen, meine Seminare besuchen, einen
Vortrag von mir erleben oder in eines meiner offenen Trainings kommen.
Wenn Sie sich zu einem individuellen Stimmtraining entscheiden, lautet meine Antwort auf diese Frage normalerweise:
„10 Stunden bzw. Einheiten sind eine seriöse Ausgangsbasis."
In dieser Zeitspanne kann ich Ihre Stimme unter verschiedenen Voraussetzungen kennenlernen und auf Ihre Bedürfnisse
individuell eingehen.

III. UND WIE GEHT DAS?

In klar strukturierten und nachvollziehbaren Schritten lernen
Sie ein ganzheitliches Stimm- und Körpertraining kennen, das
Sie eigenständig anwenden und fortführen können. Wichtig
ist vor allem immer auch der Praxis-Bezug, alle Übungen sind
erprobt und ihr Nutzen im Kommunikations-Alltag sofort
spürbar.

WER PROFITIERT?

Jeder! – Ob im privaten Dialog, im Kundengespräch, im Meeting, bei Ihrer Rede oder Präsentation, ob in kleiner Runde oder vor großem Publikum, ob mit oder ohne Mikrofon: Jeder profitiert!

In jeder Sprechsituation profitieren Sie von Ihrem erweiterten Stimmpotenzial. Sie werden gezielt auf Ihre Auftritte in der Öffentlichkeit vorbereitet. Und halten Stimme und Stimmung.

Das alles ist kein Zauber-, sondern solides Handwerk. Wenige Stunden bilden eine gute Grundlage mit viel Effekt. Daher die '10'er Karte', die wir auf Ihre individuelle Zielsetzung anpassen.

INHALTE UND NUTZEN:

▸ Sie lernen Ihre stimmlichen und körperlichen Verhaltensmuster kennen (d.h., auch mögliche Spannungen und Blockaden, diese zu lösen) und Ihre Stimmqualität zu optimieren.

▸ Sie entwickeln ein gutes Verhältnis zu Ihrer Aufrichtung, Ihrem Atem und Ihren 'Sprechwerkzeugen'.

▸ Sie erhöhen die Leistungsfähigkeit Ihrer Stimme

▸ Sie verbessern Ihren Stimmklang, Ihre Deutlichkeit und Lebendigkeit beim Sprechen.

▸ Sie bleiben auch unter Anspannung und in Stresssituationen souverän.

▸ Sie entwickeln Ihre Persönlichkeit durch die Entwicklung Ihrer Stimme.

▸ Kurz:
Authentisch begeistern Sie Ihre Gesprächspartner und Zuhörer.

Jeder, wirklich ausnahmslos Jeder, braucht eine freie, persönliche und gesunde Stimme.

Ihre Stimme hat Macht. Je mehr Ihre gesamte Persönlichkeit durch Ihre Stimme hindurch hör- und spürbar werden kann, umso überzeugender sind Sie!

Der stimmende Vortrag

Nicola Tiggeler ist auch stimmgewaltige wie inhaltsschwere Rednerin mit Lockerheitsgarantie für die Zuhörer.

Ein Vortrag?

▸ Was macht einen guten Vortrag aus?

▸ Wann begeistert Sie eine Rede?

▸ Wann stellt sich bei Ihnen das Gefühl ein: „Da könnte ich stundenlang zuhören?"

Wenn Sie das Gefühl haben: „Das stimmt!"

Der Vortrag!

Wir wissen es alle: „Der Ton macht die Musik" – oder auch: "Voice sells!" Und obwohl sich diese Tatsache längst herumgesprochen hat, wird die Hauptenergie noch immer in powerpointartige statt stimmpointierte Vorbereitung gesteckt. Ein Jammer!

Ein Zuhörer schließt automatisch und intuitiv von der Stimme auf die Persönlichkeit und vom Sprechverhalten auf die Einstellung des Redners. Gegen diesen Eindruck kann man einfach nicht anreden.

Die beiden 'Botschafter' – Stimme und Sprechverhalten – tragen entscheidend dazu bei, ob Sie Überzeugung oder Unsicherheit verbreiten. Ob Sie glaubwürdig oder anbiedernd, ob Sie kompetent oder nur karrierebesessen, ob sie begeisternd oder belanglos wirken. Es liegt in Ihrer Macht – Ihrer Stimm-Macht!

Und deshalb: Schluss mit quälend langweiligen Präsentationen, mit schrill vorgetragenen Diskussionsbeiträgen, mit monoton einschläfernden Reden und atemlosen Varianten ohne Punkt und Komma...

Die Rednerin Nicola Tiggeler – mitreißend, motivierend, interaktiv – spricht nicht von, sondern aus, was es braucht, damit

‣ Stimme funktioniert...

‣ Ihr Körper auch wirklich Ihre Sprache spricht...

‣ Sie mit Stimm-Resonanz mehr Anklang finden...

‣ Ihre Stimme frei und voll wird...

‣ Sie im Brustton der Überzeugung sprechen...

‣ lebendig, klar und deutlich sprechen...

‣ Sie das volle Potential Ihrer Stimme wecken!

Unterhaltsam, motivierend und fundiert führt Nicola Tiggeler von der Theorie in die Praxis. Die Zuhörer gewinnen neue Stimmerfahrungen und -erfolge mit interaktiven Übungen mitten im Vortrag.

Als eine der wenigen Stimmtrainer weltweit ist sie zugleich aktive Schauspielerin und plaudert aus dem Nähkästchen.

Nicola Tiggeler ist ein Feuerwerk an Wissenswertem, Nützlichem und Heiterem rund um das Thema Stimme und Auftritt!

DIE QUAL DER WAHL

Die Vorträge der Nicola Tiggeler:

‣ Ihre Stimme bestimmt – Erfolg durch Stimme

‣ Von innen nach außen – Die Vulkanstrategie

‣ Eine Stimme zum Überzeugen, (Ver-)Führen und Gewinnen – Frauen klingen anders

SPRECHEN SIE MIT IHR   +49 171 6459634

KONTAKT ZUR STIMME

NICOLA TIGGELER

WWW.STIMMEUNDSPRECHEN-MUENCHEN.DE

+49 171 6459634

NT@STIMMEUNDSPRECHEN-MUENCHEN.DE

FRUNDSBERGSTRASSE 38 | 80634 MÜNCHEN